能源生态与高质量发展
金融统计方法与应用　系列丛书

中国股市投资者情绪与羊群效应：
基于市场动态的交互作用分析

陈志芳　　王春枝　　王泽盈　等著

中国商务出版社
·北京·

图书在版编目（CIP）数据

中国股市投资者情绪与羊群效应：基于市场动态的交互作用分析 / 陈志芳等著. -- 北京：中国商务出版社，2025. --（能源生态与高质量发展系列丛书）（金融统计方法与应用系列丛书）. -- ISBN 978-7-5103-5735 -0

Ⅰ. F713.852

中国国家版本馆CIP数据核字第2025R02P77号

中国股市投资者情绪与羊群效应：基于市场动态的交互作用分析

ZHONGGUO GUSHI TOUZIZHE QINGXU YU YANGQUN XIAOYING：JIYU SHICHANG DONGTAI DE JIAOHU ZUOYONG FENXI

陈志芳　　王春枝　　王泽盈　等著

出版发行：中国商务出版社有限公司
地　　址：北京市东城区安定门外大街东后巷28号　　邮编：100710
网　　址：http://www.cctpress.com
联系电话：010-64515150（发行部）　　010-64212247（总编室）
　　　　　010-64243016（事业部）　　010-64248236（印制部）
策划编辑：刘文捷
责任编辑：刘　豪
排　　版：德州华朔广告有限公司
印　　刷：北京建宏印刷有限公司
开　　本：787毫米×1092毫米　1/16
印　　张：10　　　　　　　　　　字　　数：179千字
版　　次：2025年7月第1版　　　　印　　次：2025年7月第1次印刷
书　　号：ISBN 978-7-5103-5735-0
定　　价：78.00元

丛书编委会

主　　编　王春枝

副 主 编　刘　佳　米国芳　刘　勇

编　　委　王志刚　王春枝　刘　佳　刘　勇　米国芳　陈志芳

　　　　　赵晓阳　郭亚帆　海小辉

序 Preface

在全球经济格局深刻变革、科技革命加速演进的今天，人类社会正站在一个新的历史节点上。一方面，传统经济模式面临着资源短缺、环境污染、生态退化等诸多挑战；另一方面，以绿色、低碳、可持续为核心的高质量发展理念，正成为推动全球经济转型的重要驱动力。在这样的时代背景下，能源、生态、金融统计等相关领域的研究，不仅是学术研究的前沿方向，更是实现经济高质量发展的关键所在。

能源是经济发展的基石，生态是人类生存的家园。在过去的几十年中，全球能源需求的快速增长与生态环境的恶化，已经对人类社会的可持续发展构成了严重威胁。随着全球气候变化加剧、生物多样性丧失以及资源短缺问题的日益突出，传统的发展模式已经难以为继。在此背景下，如何在保障能源供应的同时，实现生态系统的平衡与修复，成为全球关注的焦点。

近年来，中国在能源转型与生态保护方面取得了显著成就。一方面，中国积极推动能源结构调整，大力发展可再生能源，逐步降低对传统化石能源的依赖；另一方面，通过一系列生态保护政策的实施，生态系统退化的趋势得到了初步遏制。然而，面对全球性的挑战，中国的能源与生态转型仍面临诸多难题。例如，能源市场的波动性、新能源技术的成熟度、生态补偿机制的完善性等，都需要进一步的理论研究与实践探索。

在这样的背景下，"能源生态与高质量发展"系列丛书，旨在为学术界、政策制定者和从业者提供一个交流平台。通过深入探讨能源转型的路径、生态系统的价值评估，以及两者与经济高质量发展的内在关系，希望能够为实现绿色、低碳、可持续的经济发展模式提供理论支持与实践指导。

金融是现代经济的核心，而统计方法则是金融决策的基石。在当今复杂多变的经济环境中，金融市场的波动性、风险的不确定性以及数据的海量性，都对金融决策提出了更高的要求。金融统计方法，作为一门结合数学、统计学和金融学的应用科学，为解决这些问题提供了强大的工具。

随着大数据、人工智能和机器学习等新兴技术的快速发展，金融统计方法的应用范围不断扩大。从金融市场预测、风险评估到投资组合优化，从宏观经济政策分析到微观企业决策支持，金融统计方法都发挥着不可或缺的作用。

"金融统计方法与应用"系列丛书，通过系统介绍金融统计方法的理论基础、模型构建以及应用案例，希望能够为相关研究者提供一个全面、系统的视角，并通过本书找到适合自己的工具和方法，从而更好地应对金融领域的复杂问题。

本套丛书在编写过程中参考与引用了大量国内外同行专家的研究成果，在此深表谢意。丛书的出版得到内蒙古财经大学的资助和中国商务出版社的鼎力支持，在此一并感谢。受作者自身学识与视野所限，书中观点与方法难免存在不足，敬请广大读者批评指正。

丛书编委会

2024年12月20日

前言
Preface

本书旨在从静态与动态两个视角深入探究投资者情绪对股票市场羊群效应的具体作用机制，研究路径概述如下：首先，构建一个静态分析框架，用以验证上证50指数成分股市场是否存在羊群效应，并进一步区分上涨与下跌行情，检验羊群效应在不同市场趋势下的非对称性特征。其次，为了探究投资者情绪与股市羊群效应之间的关联，利用股吧平台关于上证50指数的看涨与看跌帖子数量之差作为衡量投资者情绪的指标，并将其融入静态模型，以深入剖析投资者情绪如何影响股市的羊群效应。最后，通过调整样本区间和更换解释变量的方式，对模型的稳健性进行了全面验证。实证研究结果揭示，上证50指数成分股市场中确实存在显著的羊群效应，且该效应在上涨与下跌行情中呈现出非对称性。具体而言，相较于市场下跌时，投资者在上涨行情中更倾向于表现出羊群行为。此外，投资者情绪对上证50指数成分股的羊群行为具有显著影响：积极情绪会加剧羊群行为，而消极情绪则会减弱羊群行为。这一影响在不同市场趋势下同样表现出非对称性，即在上涨市场中，投资者情绪对羊群行为的作用更为显著。

随后，研究采用复杂网络技术对经典的静态CCK模型（即Cross-sectional Absolute Deviation of Returns，横截面收益绝对偏离度模型）进行了动态化拓展，专注于研究中国股市中羊群效应与投资者情绪之间的动态相互作用。通过构建复杂网络分析框架，成功建立了投资者情绪与羊群效应之间的动态联系，并运用复杂网络的拓扑指标深入剖析了它们之间的动态关系。研究结果显示，投资者情绪与中国股市羊群效应之间的关系是动态演变的。从长期视角来看，两者呈现出负相关趋势。而在短期内，它们之间的关系则会在正相关与负相关之间波动变化。此外，还发现这种关系具有周期性特征，每9～10天，两者之间的关系就会发生一次转变。这一发现与中国股市中散户众多、交易行为频繁的特点相吻合。在构建的复杂网络中，本书还识别出了介数较大的节点，这些节点预示着投资者情绪与羊群效应之间的关系即将发生转变。这一特性对于预测股市未来羊群效应的发生具有重要的参考价值。

基于上述研究成果，本书建议监管部门应加大对投资者价值投资和理性投资理念的宣传力度，引导投资者从价值角度出发进行科学投资，从而降低投资者情绪对投资决策的干扰程度，有效缓解中国股市的羊群效应。更重要的是，监管部门可以充分利用本书揭示的周期性特征，对中国股市羊群效应的发生及其强度变化进行精准预测和监测，为政策制定者提供有力的决策支持。

本书各章编写人员为：第1章，陈志芳、王春枝、陈星；第2章，王泽盈、陈星；第3章，王泽盈、刘春英；第4章，陈志芳、王盈、刘春英；第5章，陈志芳、王泽盈；第6章，王泽盈、刘春英、陈星。最后由陈志芳、王春枝、王泽盈对全书进行统稿和修改。本书在撰写过程中得到了内蒙古自然科学基金"新发展格局下内蒙古居民消费潜力的统计测度与释放路径研究"（2023LHMS07009）课题组、内蒙古自然科学基金"黄河流域省域碳排放峰值模拟、低碳韧性评估及碳排放权分配"（2023MS07007）课题组、内蒙古大数据应用研究协同创新中心"深度学习算法驱动的投资者情绪与股票收益的交互效应研究"课题组和内蒙古黄河流域高质量发展研究项目"新质生产力助力沿黄河流域城市群经济高质量发展路径研究"课题组部分经费与研究基础支持，同时得到了内蒙古财经大学统计与数学学院各位领导与同事的支持，也感谢内蒙古财经大学统计与数学学院统计学学术硕士和应用统计专业硕士王献苗、王昱杰、苏明珠、徐菲菲、金志东、冀豫、汪玲舒、杨丙玥、杜程乐等研究生提供的数据整理与文字校对支持。

由于作者学识、知识水平有限，书中难免有错误及疏漏，恳请各位读者与相关领域专家批评指正。同时，感谢中国商务出版社编辑为本书出版做出的辛勤努力。

作　者
2025年3月

目录 Contents

1 绪 论

1.1 研究背景及意义

1.1.1 研究背景

2022年12月15日至16日召开的中央经济工作会议，针对当前国内外复杂多变的经济金融环境，特别是自2019年末新冠疫情暴发以来，我国经济运行所面临的前所未有的挑战，深刻分析了当前经济形势，并再次将"有效防范化解重大经济金融风险"作为重要议题加以强调。这一战略部署不仅体现了党中央对维护国家经济安全、金融稳定和社会大局和谐的高度重视，也预示着在后疫情时代，我国将采取更加积极主动的措施，确保经济持续健康发展。会议明确指出："要稳妥处置化解重大风险隐患，维护经济金融和社会大局稳定。"[1]这就要求国家在面对诸如疫情等突发事件时，不仅要快速响应、有效控制其直接冲击，更要具备前瞻性思维，预见到可能引发的连锁反应，特别是金融市场上的波动与风险，提前布局、精准施策，防止局部风险演化为系统性风险。新冠疫情的暴发，不仅直接冲击了实体经济，导致企业经营困难、盈利下滑，还通过投资者情绪的传导机制，对资本市场造成了深远影响。

回顾中国股票市场自20世纪90年代初诞生以来的发展历程，这30余年见证了其从蹒跚学步到健步如飞的非凡跨越。在这一波澜壮阔的进程中，中国股票市场不仅实现了规模上的急剧扩张，更在制度建设、投资者结构、市场行为及监管效能等多个维度上取得了显著进步，逐步迈向成熟与理性的新阶段。起初，中国股票市场作为市场经济体制改革的重要产物，其诞生之初便承载着推动国有企业改革、拓宽融资渠道、优化资源配置等多重使命。随着一系列政策法规的相继出台，包括公司法、证券法的颁布实施，以及上海证券交易所、深圳证券交易所的正式成立，中国股票市场开始构建起基本的制度框架，为市场的长远发展奠定了坚实的基础。随着市场制度的不断完善，中国股票市场逐渐吸引了更多投资者的目光。从最初以散户为主的投资者结构，到如今机构投资者占比逐年提升，这一变化不仅反映了市场参与者的日益成熟，也体现了市场结构的持续优化。机构投资者凭借其专业的投资能力、雄厚的资金实力以及稳健的投资策略，逐渐成为市场交易的主导力量，对市场的稳定发展起到了重要作用。同时，监管当局在推动中国股票市场发展的过程中也发挥了不可或缺的作用。通过加强监管力度、完善监管体系、提高监管效能，监管当局有效地维护了市场秩序，保护了投资者合法权益。特别是在应对市场风险、打击违法违规行为方面，监管当局展现出了坚定的决心并采取了有力的措施，为中国股票市场的健康发展提供了有力保障。在监管与市场的良性互动下，中国股票市场在短短30余年间实现了快速成长。如今，中国股票市场已成为全球最大的新兴市场之一，其影响力日益扩大，不仅吸引了国内外众多投资者的关注，也为推动中国经济的高质量发展做出了重要贡献。

尽管中国的股票市场近年来已迅速扩张至相当庞大的规模，不仅在体量上实现了质的飞跃，还收获了国内外的广泛认可与令人瞩目的成就，但不可否认的是，它仍然处于一个新兴市场的成长阶段，其成熟度与发达国家那些历经数十年乃至上百年发展的股票市场相比，尚存在诸多差距。这种新兴市场的特征，在多个维度上都有所体现，且对投资者的行为模式、市场运行机制及监管环境均产生了深远影响。从投资者结构来看，中国股市中个体投资者的比例依然较高，这一群体虽然基数庞大，但整体而言，其投资知识、风险意识及长期投资理念尚显不足。这导致了市场上投机风气盛行，换手率居高不下，远高于成熟市场的水平，投资者的决策行为普遍倾向于短期化，追求快速收益而非稳健增值。这种不成熟的投资行为不仅增加了市场的波动性，也影响了市场的健康发展；从制度层面分析，中国的股票市场在制度建设上仍有待完善。目前，市场以做多机制为主，缺乏有效的做空机制来平衡市场力量，这在一定程度上限制了市场的深度和广度。同时，虽然股指期货等金融衍生品已逐步推出，但仍处于发展的初级阶段，其市场影响力、风险管理功能及投资者参与度均有限。此外，信息不对称问题也是制约市场发展的一个重要因素。部分上市公司信息披露不透明，存在人为操纵股价的现象，不仅损害了投资者的利益，也影响了市场的公信力；金融衍生产品市场的滞后发展也是中国股市面临的一大挑战。在成熟市场中，金融衍生品为投资者提供了丰富的风险管理工具，有助于降低市场波动带来的冲击。然而，在中国，由于金融衍生品市场起步较晚，产品种类有限，且市场参与度不高，投资者在面对市场风险时往往缺乏有效的对冲手段。从宏观经济环境来看，中国经济正处于快速转型和结构调整的关键时期。在这一过程中，经济转型的阵痛、产业结构调整的不确定性以及政策调整的频繁性等因素都可能对股市产生深远影响。特别是在经济增速放缓、去杠杆等背景下，股市的波动性可能会进一步加剧。

A股市场作为中国经济的重要"晴雨表"，其波动不仅反映了宏观经济的基本面变化，也深刻体现了市场情绪的波动。市场产生剧烈波动的情况下，投资者面对不确定性增加，普遍采取避险策略，大量抛售股票，导致市场出现恐慌性下跌，形成了典型的"羊群效应"。这种情绪化的市场反应，进一步加剧了市场的不稳定，对经济的复苏进程构成了威胁。因此，深入研究投资者情绪对我国股市的影响，不仅具有重要的理论价值，更有着迫切的实践需求。它有助于证券监管部门更准确地把握市场情绪变化，制定更加科学合理的监管政策，有效引导市场预期，维护市场稳定。同时，通过优化投资者结构，提升投资者素质，减少非理性行为的发生，可以进一步增强资本市场的韧性，为经济的高质量发展提供坚实的金融支撑。在当前国内外环境更趋复杂严峻的背景下，保持经济平稳健康发展，维护社会大局稳定，需要坚持以人民为中心的发展理念，坚持稳中求进的工作总基调，加强风险预警和应对能力建设，为全面建设社会主义现代化国家开好局、起好步提供有力保障。

在金融学发展的早期阶段，有效市场理论引领市场分析与预测的方向。该理论的核心在于坚信资产价格能够准确无误地反映出市场上所有可获取的信息，这一信念建立在投资者完全理性的假设之上。在有效市场理论的构想中，投资者被刻画为理性的决策者，他们依据所掌握的信息，对资产价格未来变动的风险进行精确的概率预测，同时持续致力于实现自身利益的最大化。然而，随着金融市场的日益复杂与多样化，一系列难以用传统有效市场理论解释的金融异象逐渐浮出水面，这些现象如同暗流涌动，挑战着经典理论的根基。面对这些挑战，学者们开始重新审视并质疑有效市场理论的基本假设，特别是关于投资者完全理性的前提。他们意识到，现实中的投资者往往受到情绪、认知偏差、社会影响等多种非理性因素的左右，这些因素在决策过程中发挥着不可忽视的作用。为了更深入地理解金融市场的运作机制，学者们开始从心理学中汲取灵感，将人类行为学的研究成果融入金融分析之中，从而催生了行为金融学这一新兴学术流派。

行为金融学在20世纪90年代迅速崛起，成为金融领域的一股重要力量。它不再局限于传统金融理论的框架，而是更加关注投资者的实际行为和心理状态，以及这些因素如何影响资产价格的形成和市场的整体表现。在行为金融学中，羊群行为作为一个引人注目的研究领域，揭示了投资者在不确定环境下的从众心理及其对市场的影响。羊群行为指的是投资者在交易过程中，更倾向于模仿他人的投资决策或过度依赖公共信息，而忽视自己独立收集和分析的信息。这种行为模式不仅削弱了市场信息的有效性和资产价格的合理性，还可能加剧市场的波动性和不稳定性。对羊群行为的研究不仅有助于更深入地理解金融市场的微观结构和投资者行为特征，还为政策制定者和市场监管者提供了重要的参考依据。通过识别并干预羊群行为的发生，可以有效维护市场的公平、公正和透明，促进金融资源的合理配置和经济的健康发展。

在我国经济转型与升级的大背景下，股票市场作为这一进程中的关键一环，展现出了鲜明的新兴市场特征。这一市场不仅承载着优化资源配置、促进资本形成的重要使命，还深刻反映了我国制度环境与市场机制的独特性与复杂性。具体而言，我国股票市场呈现出政策调控频密、市场产品结构与种类尚待完善以及散户投资者占主导地位的显著特点。这些特征相互交织，共同塑造了一个易于产生羊群效应的市场环境。政策干预的频繁性，使得市场预期易受到政策变动的影响，加剧了投资者对市场信号的敏感性和依赖性；市场产品结构的局限性，限制了投资者的多元化选择，使得市场容易受到单一因素或情绪的驱动；而散户投资者占比大，则意味着市场中存在大量缺乏专业分析能力和信息优势的个体，他们更容易受到群体行为的影响，从而加剧市场的波动性和不稳定性。

羊群行为作为一种典型的非理性市场现象，在我国股票市场中尤为突出。它削弱了市场信息的有效流通，导致股价难以准确体现企业的实际价值，同时也降低了市场的透明度及定价效率。羊群效应的存在可能使资产价格大幅度偏离其基本状况，引发资源的不合理分配与浪费，进而加剧系统性风险，对经济的平稳运行构成隐患。尽管已有研究对A股和B股市场的羊群效应进行了一定程度的探讨，但针对其他类型市场，特别是像上证50指数成分股这样的特定市场板块的研究仍显不足。鉴于市场类型的差异可能对羊群效应的表现形式和影响程度产生重要影响，本书选择以上证50指数成分股市场为研究对象，旨在通过实证分析来检验该市场是否存在羊群效应，并进一步探究投资者情绪在其中所扮演的角色。

本书的研究不仅有助于丰富和深化对我国股票市场羊群效应的理解，还能够为政策制定者提供有价值的参考。通过揭示投资者情绪对羊群效应的影响机制，政策制定者可以更加精准地把握市场情绪动态，制定更加科学合理的市场监管和干预政策，以有效防范和化解重大经济金融风险，促进股票市场的健康稳定发展。同时，本书的研究也有助于投资者增强风险意识，培养理性投资理念，从而为我国资本市场的长期繁荣贡献力量。

1.1.2 研究意义

自行为金融学作为一门新兴学科的蓬勃发展以来，学术界便致力于在非理性的框架下，深入剖析人类复杂多变的心理与行为模式，其中，投资者情绪作为这一领域的核心议题之一，吸引了广泛的研究兴趣与关注。这一研究脉络可追溯至噪声交易理论的奠基性工作，该理论深刻揭示了投资者情绪如何成为市场中的一股不可忽视的力量。

噪声交易理论指出，由于市场中充斥着受情绪驱动的噪声交易者，他们的行为并非完全基于理性分析与信息优势，而是受到情绪、偏见，甚至是谣言等非理性因素的左右。这种情绪化的交易行为不仅为市场引入了额外的风险维度——噪声交易风险，还极大地限制了理性套利者的操作空间与效率。噪声交易者的存在，使得市场价格往往偏离其内在价值，市场有效性受到质疑，从而直接挑战了传统金融理论的两大基石：理性人假设与有效市场假说。

理性人假设，作为传统金融理论的基石之一，假定市场参与者均具备完全理性，能够基于所有可用信息做出最优决策。然而，投资者情绪的研究却揭示了人类决策过程中普遍存在的情感因素与认知偏差，这些非理性因素显著影响了投资者的判断与行为，使得市场参与者难以达到完全理性的状态。

有效市场假说则进一步假设，在完全竞争的市场中，价格能够迅速且准确地反映所有可用信息，从而实现市场的高效运作。然而，投资者情绪的存在及其对市场价格的显著影响，却揭示了市场并非总是如此完美无瑕。情绪化的交易行为可能导致价格偏离基本面，市场信息的传递与反应机制受到干扰，进而削弱了市场的有效性。

因此，投资者情绪的研究不仅丰富了行为金融学的理论体系，还为重新审视传统金融理论提供了全新的视角。它表明，在复杂多变的金融市场中，理性与非理性、有效与无效往往是交织并存的，理解并把握投资者情绪的动态变化，对于预测市场走势、制定投资策略以及维护市场稳定都具有至关重要的意义。

1.1.2.1 理论意义

本书在推进羊群行为理论与投资者情绪理论的深度理解上取得了显著成就。首要的是，羊群效应作为行为金融学的一个核心现象，其研究的重要性不言而喻，尤其是当它与投资者情绪的复杂因素相互作用时，更是吸引了学术界广泛的关注。然而，将投资者情绪与中国股票市场特有的羊群效应现象紧密结合的深入研究仍显不足。本书正是在此基础上，通过构建新颖且贴合当前市场环境的投资者情绪指标，系统地考察了情绪因素对羊群效应的具体影响，从而在理论上填补了这一研究空白，丰富了投资者情绪如何塑造中国股市羊群效应行为模式的认知框架。

其次，对于投资者情绪理论这一证券市场不可或缺的基石，本书亦做出了创新性的贡献。传统上，研究者多依赖于历史数据或问卷调查等间接方式构建情绪指标，这些方法虽有其价值，但可能难以全面捕捉市场动态中瞬息万变的情绪波动。本书创新性地利用中国股票评论网中对于上证50指数各成分股的评论信息计算各成分股的投资者情绪指数，将其通过熵值法加权聚合得出新的市场投资者情绪指标。这一做法不仅拓宽了情绪测度的视野，还从理论上深刻剖析了其作为情绪代理变量的合理性与有效性，为投资者情绪指标的构建提供了新的视角和工具，进一步推动了情绪理论在金融市场分析中的应用与发展。

综上所述，本书不仅在羊群行为理论与投资者情绪理论的交汇点上实现了理论创新的突破，更为后续相关研究提供了宝贵的启示与借鉴。通过构建新颖的情绪指标并深入剖析其对股市羊群效应的影响机制，本书不仅丰富了行为金融学的理论体系，也为政策制定者、市场参与者及学术研究者提供了更加全面、深入的市场情绪分析工具与视角。

1.1.2.2 实践意义

本书的深入探究不仅为投资者在复杂的股票市场中构建更为理性的参与策略提供了宝贵的指引，还深刻揭示了其在优化个人投资组合、强化风险管理能力方面的潜在价值。对于广大投资者而言，本书的研究成果有助于其通往更加稳健投资道路的方向，有助于他们在市场波动中保持冷静，做出更加明智的决策。同时，本书也捕捉到了我国证券市场蓬勃发展的时代脉搏。近年来，随着市场体系的不断完善和市场规模的持续扩大，我国证券市场已成为满足投资者多元化风险管理需求的重要平台。在这一背景下，本书特别强调了投资者在社交媒体平台上发布的帖子及其评论所蕴含的丰富金融市场信息的重要性。这些信息，作为传统统计数据的补充，为投资者提供了更加全面、及时的市场动态，有助于他们更精准地把握市场趋势，制定有效的投资策略和风险管理计划。

对于监管层而言，本书的研究同样具有深远意义。面对日新月异的金融市场环境和不断演变的投资者行为模式，传统的监管手段已难以满足当前的需求。而通过对股票评论等新型信息源的深入挖掘和分析，监管层可以更加及时、准确地掌握市场动态和投资者情绪变化，为创新监管方式、完善金融风险处置机制提供有力支持。例如，监管部门可以积极利用东方财富股吧等网站的评论信息，通过大数据分析和人工智能技术，实现对市场风险的实时监测和预警，从而更有效地引导市场预期，防范和化解局部金融风险，维护金融市场的稳定和安全。

综上所述，本书的研究不仅为投资者和监管层提供了宝贵的参考和启示，还为我国证券市场的持续健康发展注入了新的活力和动力。未来，随着技术的不断进步和市场的不断成熟，基于投资者评论等新型信息源的金融市场分析和监管模式将发挥越来越重要的作用，推动我国金融市场迈向更加繁荣、稳定的未来。

1.2 研究内容和方法

1.2.1 研究内容

本书立足中国股票市场的独特生态，特别是深度挖掘了股吧评论数据库这一富含投资者情感与观点的宝贵资源，旨在构建一套针对上证50指数成分股市场的投资者情绪指标体系。通过这一体系，不仅能量化投资者的情感倾向，还能进一步探究这些情绪如何影响上证50指数成分股市场的交易行为，特别是聚焦于羊群效应这一复杂的市场现象。本书的研究不仅填补了相关领域的理论空白，还为投资者决策、市场监管及金融政策制定提供了重要参考。主要研究内容分为以下部分：

第一部分旨在深入了解中国股票市场的发展现状，对投资者情绪在股票市场中的影响，以及中国股市中羊群效应的产生和变化情况进行梳理，通过相关资料对上述内容有大致的了解。

第二部分着重对中国股票市场中羊群效应的存在及投资者情绪对其产生的影响进行研究，通过构建回归模型研究市场投资者情绪对羊群效应的作用。

第三部分深入探索了中国股票市场中投资者情绪对羊群效应的动态影响机制，通过构建并解析复杂网络模型及其拓扑指标，揭示了投资者情绪与羊群效应之间随时间变化的相互作用关系。

第四部分对上述内容进行分析整理，得出结论并提出建议。帮助政策制定者和市场管理者更好地引导股票市场的发展。

本书的研究将有助于深入理解我国股票市场中投资者情绪与羊群效应之间的静态和动态关系,为研究者和投资者了解股票市场提供有用的理论知识。本书的章节内容如下。

第1章 绪论。本章开篇即深入阐述了本书的研究背景,强调了在全球及中国资本市场快速变迁的背景下,理解投资者情绪与市场行为之间复杂关系的迫切性和重要性。随后,从理论贡献、实践指导及政策影响等多个维度阐述了研究的意义,展现了本研究对于推动金融市场健康稳定发展的积极作用。紧接着,本章清晰勾勒了整体研究框架,包括研究问题的明确界定、研究目的与假设的提出、研究方法的选择与实施路径的规划等,为后续的深入研究奠定了坚实的基础。同时,本章还简要介绍了研究中采用的主要技术和工具,如文本挖掘、情感分析、计量经济学模型等,以展现本研究的科学性和严谨性。

第2章 文献综述。本章旨在全面梳理并深入剖析羊群效应与投资者情绪指标领域的国内外研究现状,为后续研究提供坚实的文献支撑。本章从投资者情绪与羊群效应的研究入手,分析不同市场环境下投资者情绪的影响即羊群效应的变化,为后续的研究奠定坚实的理论基础。羊群效应作为金融市场中的一种普遍现象,长期以来一直是学术界关注的焦点。从理论模型层面来看,学者们提出了多种解释羊群效应形成的机制,如信息不完全理论、声誉模型、薪酬结构理论等,这些理论模型从不同角度揭示了羊群效应产生的内在逻辑与动因。在实证模型方面,研究者们通过构建各种计量经济学模型,对羊群效应进行了广泛的实证检验。这些模型不仅验证了羊群效应的存在性,还深入探讨了其表现形式、影响程度及持续时间等关键特征。同时,学者们还归纳总结了影响羊群效应的多重因素,包括市场信息透明度、投资者结构、市场波动性等,为深入理解羊群效应提供了多维度的视角。

投资者情绪作为影响金融市场行为的重要因素之一,其量化与测度一直是研究领域的热点。本章对现有文献中投资者情绪指标的类型与构建方式进行了系统梳理。从类型上看,投资者情绪指标可大致分为直接指标与间接指标两大类。直接指标主要通过问卷调查、投资者访谈等方式直接获取投资者的情绪状态;而间接指标则利用市场数据、交易行为等间接反映投资者情绪的变化。这两类指标各有优劣,相互补充,共同构成了投资者情绪研究的多元化指标体系。在构建方式上,学者们采用了多种方法与技术手段来构建投资者情绪指标。例如,基于文本挖掘的情感分析技术能够自动从海量网络评论中提取投资者情绪信息;而基于机器学习的预测模型则能够利用历史数据预测未来投资者情绪的变化趋势。这些构建方式不仅提高了投资者情绪指标的精度与可靠性，还拓宽了研究视野与应用场景。

此外，本章还进一步分析了市场影响下羊群效应的研究、投资者情绪对股票市场收益和波动的影响，从市场情绪、市场波动和市场流动几个方面分析了市场中羊群行为的变动。综上所述，本章通过对金融理论的整理国内外研究现状的综述，为后续研究提供了丰富的理论资源与实践参考。同时，也指出了当前研究中存在的不足与未来可能的研究方向，为深入研究引出适当的内容。

第3章　理论基础与机制分析。本章首先提出了传统金融理论，如理性人假设、有效市场假说和预期效用理论，并介绍其在面对现实金融市场的复杂性和多样性时存在的局限性，进而引入了噪声交易理论的概念。随后详细探讨了噪声交易的成因、类型，以及噪声交易对金融市场的影响，特别是通过DSSW模型深入分析了投资者情绪如何影响股价。此外，本章还讨论了其他相关金融理论，包括有限理性理论、信息不对称理论和情绪传染理论。这些理论共同揭示了金融市场中交易者行为的复杂性，以及投资者情绪在资产定价和市场波动中的重要作用。通过对这些理论的探讨，本章为投资者理解金融市场的运作提供了新的视角。最后，介绍投资者情绪与羊群效应的机制分析，为下文探究股票市场中投资者情绪对羊群效应的影响奠定理论基础。

第4章　投资者情绪对股市羊群效应影响的静态分析。本章内容主要围绕上证50指数成分股的日交易数据展开，旨在深入探究该指数成分股中是否存在羊群效应，并进一步分析羊群效应在不同市场环境下的表现特征，以及投资者情绪对羊群效应的具体影响。首先，以上证50指数成分股的日交易数据作为研究样本，通过回归分析，验证在成分股市场中是否存在显著的羊群效应。其次，在确认上证50指数成分股中存在羊群效应的基础上，本章进一步将市场分为上涨和下跌两个不同阶段，研究羊群效应在这两个阶段是否表现出非对称性。非对称性指的是羊群效应在上涨市场和下跌市场中的强度和表现形式可能存在差异。通过分析不同市场环境下的羊群效应，有助于更全面地理解其背后的驱动因素和市场影响。

除了市场环境因素，投资者情绪也是影响羊群效应的重要因素之一。本章利用从中国上市公司股吧评论数据库中提取的上证50指数相关的帖子数据，通过加权聚合得到投资者情绪指标。该指标能够反映投资者对市场的整体看法和预期，进而分析其对羊群效应的影响。通过实证研究，可以探讨投资者情绪如何作用于投资者的决策过程，以及这种作用如何进一步影响市场的羊群效应。为了确保上述研究结论的可靠性和稳健性，本章还分别更换了关键变量和样本区间进行回归分析。通过对比不同模型和样本下的结果，可以评估研究结论是否受到特定变量或样本选择的影响。这种稳健性检验有助于增强研究的可信度和适用性，为后续的研究和实践奠定更为坚实的理论基础。综上所述，本章通过全面而深入的研究，旨在揭示上证50指数成分股中的羊群效应及其影响因素，为金融市场的稳定和监管提供有益的参考。同时，通过模型稳健性检验，确保了研究结论的可靠性和普适性，为后续的研究和实践奠定了坚实的基础。

第5章　投资者情绪对股市羊群效应影响的动态交互作用。上述研究主要聚焦于静态模型的分析框架，然而，这一框架在刻画投资者行为的时变性方面存在显著的局限性。鉴于投资者行为并非一成不变，而是随着时间、市场环境及信息流动而不断演变的，因此，静态模型难以全面且准确地捕捉这种动态特征。为了更深入地探究投资者情绪与股市羊群效应之间的复杂关系，本章研究引入了复杂网络模型，旨在动态地分析两者之间的相互作用。首先，为了获取更为纯净和具有代表性的数据，本章研究利用小波分解技术，对上述内容中的两个指标进行了细致的分解与重构。小波分解作为一种有效的信号处理工具，能够将原始信号分解为不同频率成分的小波系数，从而有助于剔除噪声和冗余信息，提取出更为关键和有用的信号特征。通过这一过程，得到了更加清晰、准确的羊群行为指标和投资者情绪指标，为后续分析奠定了坚实的基础。其次，为了构建羊群效应和投资者情绪关系的复杂网络，本章研究借助了复杂网络技术。复杂网络作为一种描述和分析大量相互关联元素的工具，能够揭示元素之间的内在联系和动态变化。在构建过程中，本章将投资者情绪和羊群效应视为网络中的节点，根据它们之间的相互作用关系，构建了相应的边和权重。最后，为了深入分析投资者情绪和股市羊群效应之间的动态特性，本章计算了复杂网络的拓扑指标，包括度、聚类系数、网络直径、介数等，它们能够从不同角度揭示网络的结构特征和动态行为。通过综合运用这些复杂网络的拓扑指标，本章研究对二者之间的动态交互关系进行了深入剖析。这一研究不仅有助于市场监管人员更全面地监管金融市场的复杂性和动态性，也为投资者制定更为合理的投资策略提供了有益的参考和启示。

第6章　结论与建议。本章的主要目的是对全书的核心观点和研究成果进行全面的概括与总结，同时，依据实证研究的发现与结论，提出一系列具体、有深度且针对性强的政策建议。这些建议旨在深入分析上证50指数成分股市场中投资者情绪与羊群效应之间的动态和静态关系，并为市场监管者提供有效的监管策略。通过本章，能够为上证50指数成分股市场的投资者行为提供更加合理的解释，同时为市场监管者提供有力的工具和方法，以促进市场的健康、稳定发展。

本书的具体研究过程如图1-1所示。

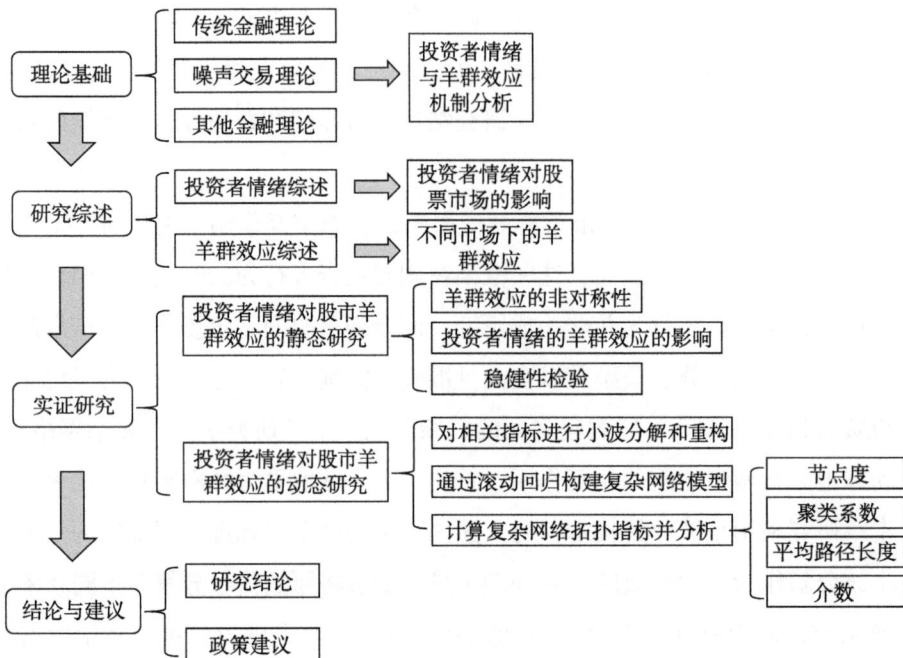

图1-1　研究步骤

1.2.2　研究方法

本书在探讨投资者情绪对中国股票市场羊群效应的影响时，采用了多种研究方法相结合的方式，具体包括文献研究法、实证分析和理论建模法以及比较分析法。这些方法相互补充，共同构成了本书研究的基础和框架。

文献研究法：通过广泛阅读前人研究文献，对股票市场中存在羊群效应的研究进行全面综述，并对投资者情绪相关资料进行整理，总结现有研究的成果与不足，为本书的研究提供理论支撑和创新思路。具体指收集国内外关于羊群效应、投资者情绪及其相互关系的学术论文、期刊文章、研究报告；对收集到的文献进行分类整理，包括羊群效应的研究现状、投资者情绪指标的类型和构建方式。在分类整理的基础上，对上述研究内容和最新成果进行综述，总结现有文献的不足，并指出本书研究的创新点。

理论与实践结合：通过实践分析验证上证50指数成分股市场中羊群效应的存在性，并探讨投资者情绪对羊群效应的静态影响；同时，通过复杂网络建模进一步揭示两者之间的动态关系。静态研究以经典的CCK模型为基础，验证上证50指数成分股中羊群效应的存在性。将市场分为上涨和下跌两个样本，分别研究羊群效应的非对称性。进一步引入投资者情绪指标，进一步验证二者之间的静态影响。最后通过稳健性检验证明结论的有效性。动态研究基于复杂网络技术，建立二者之间的相关复杂网络模型，并计算复杂网络拓扑指标，揭示两者之间的长期和短期动态变化关系。

比较分析法：通过比较文中划分的两种市场中羊群效应的差异，研究上证50成分股市场中羊群效应的特殊形式。首先将上证50指数成分股市场按照市场状态划分为上涨市场和下跌市场两个样本。然后分别计算两个样本中的羊群效应指标，并进行比较分析，以揭示羊群效应在不同市场状态下的非对称特性。

综上所述，本书通过文献研究法、实证分析和理论建模法以及比较分析法相结合的方式，系统研究了投资者情绪对中国股票市场羊群效应的影响。在广泛阅读国内外文献的基础上，通过实证分析验证了上证50指数成分股市场中羊群效应的存在性，并探讨了投资者情绪对羊群效应的影响。同时，通过复杂网络模型揭示了二者之间的动态交互作用，为政策制定者提供了有益的参考。

1.3　创新点及不足

1.3.1　主要创新点

在深入且细致地探讨投资者情绪如何影响中国股票市场中的羊群效应时，本研究特意选择了一个具有代表性和针对性的研究对象——上证50指数成分股市场。这一选择并非随意，而是基于对大盘蓝筹股市场在中国股市中的重要地位和影响力的深刻理解。将研究视角精准地聚焦于上证50指数成分股的羊群效应，不仅能够使我们更加深入地挖掘和分析投资者情绪在这些关键股票中的传播机制和影响路径，从而深化投资者对大盘蓝筹股市场的理解和认知；还能够为其他类型市场中的羊群效应研究提供更为丰富、更为全面的视角和参考。

通过对上证50指数成分股市场的细致研究，可以揭示出投资者情绪在股市中的传播方式和影响程度，探讨羊群效应在这些股票中的具体表现，以及其与投资者情绪之间的内在联系。这不仅有助于更好地理解中国股市的运行规律和特点，还能够为投资者提供更加科学、合理的投资决策依据，同时，也为市场监管者制定更加有效的监管政策提供有力的理论支持和实证依据。因此，这一研究具有重要的理论和实践意义。

为了更深入地揭示投资者情绪与羊群效应之间的动态关系，本研究创新性地引入了复杂网络技术，并借助其独特的拓扑指标分析工具。通过构建投资者情绪和羊群效应之间复杂网络模型，能够捕捉到它们随时间变化的微妙联系。这一动态研究方法不仅克服了传统静态模型在时间维度上的局限性，还能够更准确地反映股市投资者的时变行为特征，为监管机构制定更为科学、合理的政策提供了有力的数据支持，进而促进股票市场的平稳健康发展。

在投资者情绪指数的构建上，本研究同样做出了创新性的尝试。首次采用熵权法来计算上证50指数成分股中个股投资者情绪指数的权重，并通过加权聚合的方式得到市场整体的情绪指数。这种方法不仅避免了主观判断对指数准确性的干扰，还充分考虑了不同个股在市场中的影响力差异，使最终得到的情绪指数更加客观、准确地反映了市场的整体情绪状态。具体而言，本研究从上证50指数成分股的看涨看跌期权数据中提取出个股投资者情绪指数，并依据熵权法计算得到的权重进行加权聚合，从而构建出市场整体的投资者情绪指数。这一创新性的构建方式不仅丰富了投资者情绪指数的类型和构建方法，还为后续研究提供了新的思路和参考。

本书在完成了对投资者情绪影响股市羊群效应的静态分析之后，为了进一步验证模型的稳健性并深入理解投资者情绪对市场表现的影响，采取了更为细致且全面的分析方法。具体而言，本书创新地引入了两种不同的加权方式来计算投资者情绪指数，即流通市值加权和总市值加权。这两种加权方式的选择是基于它们在金融市场中的重要性和实际应用价值，能够更准确地反映不同规模公司在投资者情绪中的不同权重。通过将计算得出的投资者情绪指数作为新的核心变量，重新构建了模型，并对静态模型进行了稳健性检验。这一过程不仅有助于确认静态分析结果的可靠性，还能够揭示在引入投资者情绪这一动态因素后，模型可能发生的变化及其背后的经济逻辑。

综上所述，本书在投资者情绪对中国股票市场羊群效应的影响方面做出了多方面的创新和尝试。通过将研究视角聚焦于上证50指数成分股市场、引入复杂网络技术进行动态研究以及采用熵权法构建市场投资者情绪指数等方法，更加全面、深入地揭示了投资者情绪与羊群效应之间的复杂关系，为股票市场的研究和监管提供了更为科学、合理的依据。

1.3.2 未来研究空间及不足

尽管本书已经投入了大量的研究精力，但由于时间和研究能力有限，仍不可避免地存在一些不足之处。具体而言，在构建市场投资者情绪指标时，除了可以通过分析帖子数量来计算，还可以考虑其他多个维度，如隐含波动率差、风险中性偏度以及方差风险溢价等指标。这些指标同样能够反映投资者的情绪变化和市场预期。本书根据已有的相关研究成果以及行为金融学的理论基础，经过仔细权衡和选择，最终决定采用看涨帖子与看跌帖子数量的差值作为衡量投资者情绪的主要指标。这一选择是基于其直观性和易获取性，以及在一定程度上能够反映市场投资者情绪变化的趋势。然而，仅仅依赖单一的指标可能无法全面准确地捕捉投资者情绪的复杂性。因此，未来的研究可以考虑采用更加综合和复杂的方法，这将有助于更深入地理解投资者情绪对市场行为的影响，并为未来的实证研究提供更为丰富和有力的支持。

本书将每个窗口内的5个符号作为一个相关关系模态，进而构建复杂网络。窗口长度的选择对于构建出的复杂网络的结构和特性具有重要影响。较短的窗口长度可能会导致网络中的节点和连接过于密集，难以捕捉到全局性的模式和趋势；而较长的窗口长度则可能会平滑掉数据中的局部细节，使得网络过于稀疏，无法反映数据的真实复杂性。因此，为了更全面地理解和利用相关关系模态构建复杂网络，未来的研究可以尝试改变窗口长度，并对不同长度下的结果进行对比分析。通过对比不同窗口长度下构建出的网络，可以观察到窗口长度对网络结构、节点重要性、连接强度等关键特性的影响。这种对比分析不仅有助于更好地理解复杂网络的构建过程，还可以提供一种优化网络结构、提高预测精度的方法。在实际操作过程中，可以通过逐步增加或减少窗口长度，并计算每个长度下网络的关键指标（如平均路径长度、聚类系数、节点度分布等），来观察网络特性的变化规律。通过这些对比分析，可以找到最适合当前数据集的窗口长度，从而构建出既能够反映数据局部细节又能够揭示全局趋势的复杂网络。

本书在选取研究对象时，特定地选择了上证50指数成分股市场作为样本进行分析。尽管上证50作为上海证券交易所的重要指数之一，包含了众多具有代表性的大型蓝筹企业，能够在一定程度上反映市场的整体趋势，但这一选择仍存在一定的局限性，从而影响了研究的全面性。首先，上证50指数成分股主要集中在金融、能源、原材料等关键行业，对于其他新兴行业或中小企业可能缺乏足够的代表性。这就意味着，基于上证50指数成分股得出的结论可能无法全面反映整个A股市场的投资者情绪与羊群效应的关系。其次，不同市场板块之间往往存在显著的差异，包括投资者结构、交易活跃度、市场波动性等方面。上证50指数成分股作为蓝筹股的代表，其投资者群体和交易行为可能与中小板、创业板等板块存在显著差异。因此，仅基于上证50成分股的研究可能无法捕捉到这些差异，从而限制了研究的深度和广度。为了增强研究的全面性，未来的研究可以考虑扩大样本范围，纳入更多不同行业、不同板块、不同规模的上市公司，以更全面地反映整个股票市场的投资者情绪与羊群效应的关系。同时，还可以结合其他市场指标和宏观经济数据，进行更加深入和细致的分析，为市场监管者和投资者提供更加全面、准确的参考信息。

2 文献综述

2.1 投资者情绪综述

2.1.1 单一情绪指标

现有金融学研究已证实，投资者情绪对于股市中的羊群行为具有显著影响。这里所指的投资者情绪，是投资者对未来预期的一种系统性偏差，反映了市场参与者在投资期望和意愿上的共同表现。尽管这一概念受到个体性格、财富水平和社会地位差异的影响，使其难以被精确衡量。在经济活动的范畴里，情绪充当着一个变量角色，能够左右投资者的判断力，进而在其投资决策过程中发挥重要作用，无论正负。羊群效应，简而言之，是一种随众或模仿的心理倾向，表现为一旦某些具有影响力的投资者做出投资举动，往往会吸引其他投资者紧随其后。具体而言，当某股票表现疲软时，恐慌情绪的蔓延可导致该股进一步下滑。而当股价因内在价值缩水跌至某一临界点，理性投资者预见到未来股价回升的可能性，遂采取买入行动；资金短缺时，他们甚至通过融资大举购入，此行为向市场释放了股票价值被低估的信号。借由羊群效应的机制，其他投资者跟进买入，市场迅速从对该股票的需求不足转向过热，有效阻止了股价的持续下挫，并可能触发上涨趋势。然而，当股价攀升至理性投资者评估的内在价值之上，他们将适时卖出，羊群行为再次发挥作用，促使其他投资者跟随卖出，导致股价短期内重归跌势。

投资者情绪作为行为金融学研究的关键焦点，一直以来都受到广大学者的密切关注。近年来，相关研究不断涌现，深入探讨了投资者情绪与股市动态的内在联系。Baker 和 Wurgler 在 2006 年 [2]、2007 年 [3] 的研究中揭示了投资者情绪不仅是预示市场回报的重要指标，还对市场波动展现出显著的影响力（参考 Lee、Jiang 和 Indro 在 2002 [4] 年的发现，Da、Engelberg 和 Gao 于 2015 年的研究 [5]，以及裴茹在 2020 [6] 年的贡献等）。因此，探究投资者情绪如何作用于股市中的羊群行为现象，成为该领域内一个尤为关键且富有意义的研究方向。

情绪，这一在心理学领域内被频繁且深入探讨的主题，不仅是学术界热衷研究的对象，也是人们在日常生活中普遍理解并能亲身体验到的概念。它作为一种内在的心理状态，对个体的日常行为、决策过程乃至整个生活轨迹都产生着极为深远且复杂的影响。心理学，目前大多学者认为是行为金融学的重要理论支撑和基石，在该领域的研究中始终保持着对人类心理活动的密切关注，并深入探究这些心理活动对市场行为和市场表现的潜在影响。人类的心理活动是一个极为繁复且多维度的系统，大多学者认为可以将心理活动分成多个方面，具体来说包括感觉、知觉、记忆、思维、想象、学习以及情绪、动机、态度等。这些心理过程之间并不是孤立存在的，而是相互交织、相互影响，共同构成了一个复杂的心理网络。在这个心理网络中，各个心理过程之间的相互作用和动态平衡，往往成为系统性偏差产生的重要因素。特别是在投资决策的过程中，投资者的认知偏差、情绪波动、心理预期等因素，都可能对市场的走势产生显著的影响。因此，在行为金融学的研究范畴内，投资者情绪作为一项关键的心理活动，始终占据着举足轻重的地位。它不仅影响着投资者的个体决策，还通过投资者的集体行为，对整个证券市场的运行机制和价格发现过程产生着深远的影响。

在传统的金融理论框架内，投资者情绪这一复杂且多变的心理因素并未被纳入核心考量之中，市场被视为一个能够高效且准确地反映所有相关信息的机制，即市场是有效运行的。按照这一传统金融理论的基本预设，资产的价格仅仅与其内在价值密切相关，是内在价值的直接体现，而诸如投资者情绪等被视为可能引发市场非理性的诸多要素，并不被看作影响资产价格最终走向的决定性因素。Fama 在 1991 年提出的有效市场概念，是对市场有效性的经典阐述[7]。这一概念指的是，在有效市场中，市场价格能够充分且及时地反映所有可用的相关信息，无论是历史信息、公开信息还是内幕信息，都无法为投资者提供获取超额收益的机会。有效市场假说建立在三个逐步放宽的、相互关联的基本假设之上，这些假设共同构成了传统金融理论对市场运行机制的深刻理解。

首先，投资者被视为完全理性的经济人，他们具备准确评估资产价格并据此做出合理投资决策的充分能力。这就意味着，投资者能够基于所有可获得的信息，理性地判断资产的真实价值，并据此进行买卖决策，从而确保市场价格与资产内在价值保持一致。其次，即使市场中存在部分非理性投资者，他们的交易行为若呈现出随机性和独立性，那么这些非理性投资者的错误定价将相互抵消，不会对资产价格产生系统性影响。在这一假设下，非理性投资者的存在并不会破坏市场的有效性，因为他们的交易行为是随机的，不会形成一致的错误预期，从而避免了价格偏离内在价值的情况。最后，即使非理性投资者的交易行为在某些情况下呈现出某种共同趋势，市场中理性交易者的套利活动也会迅速纠正这些非理性行为对资产价格的影响。理性交易者能够识别并利用市场中的错误定价机会，通过买入被低估的资产或卖出被高估的资产来获利，从而推动市场价格回归其内在价值。即使短期内资产价格因非理性行为而出现偏离，也会因理性套利者的作用而迅速得到纠正。

因此，在有效市场假说这一传统金融理论的核心框架下，建立在理性预期和有效套利基础上的传统资产定价模型，如资本资产定价模型（CAPM）、套利定价理论（APT）等，都不会受到投资者情绪等非理性因素的影响。这些模型认为，市场价格是内在价值的准确反映，而投资者情绪等心理因素只会引起价格的短期波动，并不会对长期均衡价格产生实质性影响。然而，随着行为金融学的兴起和发展，越来越多的研究表明，投资者情绪等心理因素在现实中确实对资产价格产生了重要影响，这一发现对传统金融理论提出了挑战，也为投资者更深入地理解市场行为提供了新的视角。

有效市场假说作为金融理论的基石之一，至今仍然受到广大学者的广泛认可与频繁引用。然而，不容忽视的是，金融市场中依旧存在着诸多传统金融理论难以破解的难题与挑战。这些未解之谜不仅激发了学术界对于金融市场深层次运作机制的探索欲望，也促使众多学者开始积极寻求新的研究路径以解答这些困惑。在这一背景下，投资者情绪对市场影响的研究逐渐崭露头角，成为学术界关注的热点话题。随着时代的进步与认知的深化，人们开始越发重视非理性因素，尤其是投资者情绪在金融市场中所扮演的角色及其产生的深远影响。越来越多的学者意识到，仅仅依靠传统金融理论的框架已难以全面解释市场的复杂行为，而投资者情绪的波动与变化往往是导致市场异常现象的关键因素之一。此时行为金融学应运而生，并逐渐展现出其对于投资者行为与市场动态的强大解释力。行为金融学不仅融合了心理学的理论成果，还深入剖析了投资者在决策过程中的心理偏差与非理性行为，从而为我们理解市场波动提供了新的视角与工具。相较于传统金融理论，行为金融学在解释投资者市场行为方面展现出了更为细腻、全面的分析能力，为金融市场的研究开辟了全新的道路。

投资者情绪，这一反映市场参与者心理预期与风险偏好的综合指标，近年来已成为金融学研究领域中的重要研究对象，其重要性在理论与实践层面均得到了广泛的认可与重视。它不仅深刻影响着资本市场的波动趋势、资产价格的形成机制，还直接关系到投资策略的有效性与市场效率的评估，因此，其重要性不言而喻。准确度量投资者情绪，对于学者而言，是解锁金融市场复杂行为密码的关键钥匙。它能够帮助我们深入理解在信息不对称与不完全理性的现实环境中，投资者如何基于各自的认知偏差、情绪反应以及社会互动等因素，形成并调整其投资决策，进而驱动市场价格的波动。这一过程的研究，不仅丰富了行为金融学的理论体系，也为市场预测、风险管理及政策制定提供了坚实的科学依据。从实践角度看，精准捕捉并度量投资者情绪，对于投资者而言，意味着能够更有效地识别市场情绪周期，把握市场情绪转折点，从而在投资决策中融入对情绪因素的考量，提高投资的成功率与稳健性。对于金融机构而言，则有助于优化风险管理模型，提升资产配置效率，以及在市场异常波动时做出更及时的应对策略，以维护金融市场的稳定与发展。因此，准确度量投资者情绪不仅是学术界追求的理论高地，更是金融市场实践操作中不可或缺的工具与指南。随着大数据、人工智能等先进技术的不断进步，未来的投资者情绪度量将更加精细化、实时化，为金融市场的高效运行与投资者的智慧决策提供更加有力的支持。

在研究投资者情绪时，首先需要选择合适的代理变量。投资者情绪的度量方法，作为探索市场心理动态的关键手段，经历了从简单到复杂、从单一到多元的发展过程。这些方法大致可以分为三大类：显性指标、隐性指标以及情绪替代指标，而近年来，随着社交媒体和在线平台的兴起，一些衍生的直播数据也开始被纳入考量范围，为投资者情绪的度量提供了新的视角。显性指标主要依赖于可直接观测到的金融市场数据。这类指标包括股票市场的交易量、换手率、封闭式基金折价率、新股发行数量及首日收益率等。这些指标能够直观地反映市场参与者的活跃程度与乐观或悲观情绪。例如，高换手率可能意味着市场参与者情绪高涨，交易活跃；而封闭式基金折价率的扩大则可能预示着市场情绪的悲观。隐性指标则侧重于通过间接方式捕捉投资者的情绪变化。这类指标通常包括投资者信心指数、消费者信心指数、分析师情绪调查等。这些指标通过问卷调查、专家访谈等形式，收集投资者对未来市场走势的预期与看法，从而间接反映市场情绪。隐性指标的优势在于能够更深入地挖掘投资者的主观感受与预期，但也可能受到样本选择、调查设计等因素的影响，存在一定的主观性和偏差。情绪替代指标则是利用非传统金融数据来度量投资者情绪，如社交媒体上的发帖量、关键词搜索频率、网络论坛中的情绪倾向等。这些指标能够实时捕捉市场参与者的情绪波动，具有高度的时效性和广泛性。例如，社交媒体上关于股市的负面评论激增，可能预示着市场情绪正在转向悲观。随着大数据和人工智能技术的发展，情绪替代指标在投资者情绪度量中的应用日益广泛，为市场情绪的实时监测提供了可能。此外，近年来，随着直播经济的兴起，一些衍生的直播数据也开始被纳入投资者情绪的度量体系。例如，金融主播的观看人数、互动频率、点赞与评论内容等，都能在一定程度上反映投资者的关注度和情绪倾向。这些直播数据不仅具有即时性，还能捕捉到投资者在特定情境下的情绪反应，为市场情绪的分析提供了更为丰富和生动的素材。因此，投资者情绪的度量方法正朝着多元化、实时化的方向发展，各类指标相互补充，共同构成了全面、立体的市场情绪监测体系。这不仅有助于提升市场预测的准确性，也为投资者提供了更为科学的决策依据。

在投资者情绪刚兴起时，人们主要选取显性投资者情绪指标作为代理变量。这些指标能够直接反映市场参与者的心理状态和预期。例如，Solt 和 Statman（1988）[8] 的研究开创性地将投资者情绪划分为两大核心类别：看涨情绪和看跌情绪，这一分类体系为后续的投资者情绪研究奠定了坚实的理论基础。其中，看跌情绪通常通过 Bearish Sentiment Index（BSI）来衡量，这一指数直观地展示了市场中对未来走势持悲观态度的投资者的比例。为了进一步量化和追踪投资者情绪的变化，自 1987 年 7 月起，美国个体投资者协会采取了一项创新举措，即对其会员进行定期的情绪调查。这项调查不仅要求会员预测未来六个月的股市走向，还详细划分了看涨、看跌或看平三种观点，从而能够全面捕捉市场情绪的细微波动。这种基于问卷调查的方法，为构建投资者情绪指数提供了丰富的第一手数据。其中，Brown 和 Cliff（2005）[9] 在研究中，巧妙地利用这些调查数据，通过计算看涨与看跌人数百分比的差值，构造出了一个具有高度代表性的情绪指标。这一指标不仅直观反映了市场情绪的整体倾向，还因其易于计算和理解的特点，在学术界和实务界均得到了广泛应用。此外，另一个在国外市场广泛使用的显性情绪指标是友好指数。该指数同样基于对市场参与者的直接调查，但可能包含了更多维度的信息，如投资者对经济基本面的看法、对政策变动的预期等，从而能够更全面地反映市场情绪的多面性。

尽管地域、文化背景及市场结构存在差异，但在构建这些指标时，国内外学者都倾向于采用类似的方法和思路。在早期的研究中，国内外均涌现出了一系列具有代表性的情绪指标，用以捕捉和衡量投资者情绪的波动与变化。在国内，一系列具有中国特色的投资者情绪指标应运而生，其中包括"央视看盘"、好淡指数等。这些指标各具特色，但共同构成了国内投资者情绪研究的重要基础。其中，"央视看盘"是中央电视台财经栏目推出的一项投资者情绪指标，它通过广泛收集并统计机构投资者及个人投资者对未来股市走势的预期（包括看涨、看跌和看平三种观点），经专业处理后编制而成，分为日频和周频两种形式。该指标凭借央视财经栏目的高认知度和权威性，在国内金融市场拥有广泛的影响力和可信度。它不仅直观反映了市场参与者的情绪波动，还为投资者提供了重要的决策参考，被广泛应用于金融市场分析、投资决策等领域。同时，"央视看盘"也成为国内学者研究投资者情绪与市场收益率关系等金融问题的重要数据来源，为深入理解金融市场的运作机制提供了有益的视角。

饶育蕾和刘达锋（2003）[10]以及刘超和韩泽县（2006）[11]等国内知名学者，曾利用"央视看盘"等类似指标，深入探究了投资者情绪与股票市场未来收益之间的复杂关系。他们的研究不仅揭示了情绪对股票市场的潜在影响，还为后续研究提供了宝贵的参考和启示。在此基础上，杨淑娥、杨红、张强等（2007）[12]学者进一步推动了投资者情绪指标的研究和发展。他们利用央视调查数据，创造性地构建了机构投资者和个人投资者的周看涨指数，这一创新之举不仅提高了情绪指标的精确度和时效性，还使得研究者能够更深入地分析不同类型投资者情绪的差异及其对市场的不同影响。通过这一指标的构建，他们得以更精确地反映投资者情绪的动态变化，为揭示市场情绪与资产价格关系的复杂性提供了新的视角和工具。

以"三大报"（《中国证券报》《证券时报》和《上海证券报》）为基础的一些研究机构，通过深度分析和解读三大报的报道内容，形成了诸多具有参考价值的市场观点和数据。这些研究机构通常关注宏观经济趋势、政策导向、行业动态以及企业表现等方面，为投资者提供全面的市场分析和决策支持。它们的观点数据往往反映了市场的最新动态和趋势，有助于投资者把握市场脉搏，做出更加明智的投资决策。例如，一些研究机构会基于三大报的报道，分析外资机构对中国经济的看法和预期，以及北向资金流入情况等数据，从而判断市场走势和投资机会。这些数据也可以作为投资者情绪指标的构建数据。这些指标不仅在国内得到了广泛应用，如"三大报"指标，而且在其他类似的情绪指标，如好淡指数和华鼎多空民意调查中，也采用了类似的数据收集和分析方式。这些国内情绪指标的构建，无疑在很大程度上借鉴了国外显性情绪指标的构建经验，并在此基础上进行了本土化的创新和调整。

然而，尽管这些先行投资者情绪指标直接来源于投资者，能够更好地作为情绪的代理变量，但因为获取难度较大等问题被大多学者拒绝使用。例如，调查样本的代表性、调查频率的合理性以及数据处理的准确性等，都可能影响指标的准确性和可靠性。因此，为了克服显性情绪指标的局限性，国内外学者开始探索并构建隐性投资者情绪指标。隐性投资者情绪是指利用股票市场上能够反映投资者对市场预期的金融数据来构建的投资者情绪指标。这些金融数据通常来源于市场交易活动，包括但不限于换手率、ARMS指标（即调整后的上涨家数与下跌家数的比值）、零星股买入卖出比率以及新高低比（即创出新高与创出新低的股票数量的比值）等。隐性投资者情绪指标与显性投资者情绪指标不同，它更多地依赖于客观的市场交易数据，而非直接调查投资者的主观预期。这些指标能够间接地反映投资者的心理状态和市场情绪，为投资者提供重要的市场参考信息。需要注意的是，隐性投资者情绪指标虽然具有一定的参考价值，但并不能完全代表投资者的真实情绪。因为市场情绪是复杂多变的，受到多种因素的影响，包括宏观经济环境、政策导向、行业动态以及投资者个人的心理预期等。因此，在使用隐性投资者情绪指标时，投资者需要结合其他信息进行分析和判断，以便做出更为明智的投资决策。

上述指标通过捕捉市场行为和经济数据的变化，间接地反映了投资者对市场的预期和情绪状态。例如，市场流动性的变化可以反映投资者对市场的信心和参与度；封闭式基金折价率的变动则可能反映了投资者对基金未来表现的预期；IPO数量及其首日收益的变化则能够体现投资者对新股市场的热情和风险偏好；新开户数的增减则直接反映了投资者进入或退出市场的意愿；而共同基金流动的波动则可能反映了投资者对基金投资价值的认可程度。以封闭式基金折价率为例，自Lee等（1990）[13]的经典研究以来，该指标一直备受关注。然而，国内外学者对其能否准确反映投资者情绪存在分歧。张俊喜和张华（2002）[14]、黄少安和刘达（2005）[15]等学者认为封闭式基金折价率能够反映中国投资者的情绪；而另一部分学者，邹亚生和粟坤全（2010）[16]、杨元泽（2010）[17]等认为，中国市场上的封闭式基金折价并不完全符合投资者情绪理论，或者在不同时期代表的是不同投资者的情绪。

在金融市场的相关研究中，除了常见的经济变量被用作投资者情绪的衡量指标，还有一些非经济变量，如天气变量等，也被一些学者探索性地认为可能与投资者情绪存在某种相关性，并尝试将其作为投资者情绪的代理指标。然而，这类情绪指标的有效性和可靠性尚未得到充分验证和广泛认可。天气变量，作为非经济因素的一种，其变化可能对人们的心理状态和行为产生微妙的影响。例如，晴朗的天气可能使人心情愉悦，从而更加乐观地看待市场前景；而阴雨天气则可能引发人们的负面情绪，导致对市场持悲观态度。基于这种假设，一些学者尝试将天气变量纳入投资者情绪的研究范畴，试图探索其与金融市场表现之间的潜在联系。然而，将天气变量作为投资者情绪的代理指标面临诸多挑战。首先，天气与投资者情绪之间的相关性并不明确且难以量化。尽管天气变化可能影响人们的情绪状态，但这种影响往往是间接的、复杂的，且难以用精确的数学模型来描述。其次，天气变量的数据获取和处理相对困难。与经济变量相比，天气数据的收集往往更加分散和复杂，且容易受到地域、季节和气候等多种因素的影响。此外，天气变量与其他经济变量之间的交互作用也可能对研究结果产生干扰，使得分析更加复杂。因此，尽管天气变量等非经济因素可能与投资者情绪存在某种相关性，但在金融市场相关研究中的应用并不广泛。目前，大多数研究仍然侧重于使用经济变量来构建和衡量投资者情绪指标，因为这些指标更加直接、客观且易于量化。当然，随着研究的不断深入和数据的不断积累，未来可能会有更多的非经济变量被纳入投资者情绪的研究范畴，为金融市场的研究提供更加全面和深入的视角。但在此之前，仍然需要谨慎对待这类情绪指标的应用和解释，以避免误导和产生不必要的误解。

2.1.2 复合情绪指标

选取单一指标作为投资者情绪的衡量标准存在很多弊端，主要在于难以全面且准确地捕捉市场动态和投资者心理的全貌。投资者情绪是一个复杂且多维的概念，它受到宏观经济环境、政策导向、市场走势、企业基本面、国际形势以及投资者个人预期、风险偏好、信息解读能力等多种因素的共同影响。单一指标，无论是基于市场交易数据（如成交量、涨跌幅）、调查问卷结果，还是社交媒体情绪分析，都只能反映出情绪的一个侧面或某个特定时段内的表现，无法充分涵盖所有相关因素及其相互作用。此外，不同指标在不同市场环境和经济周期中可能表现出不同的敏感性和有效性。例如，在市场繁荣时期，交易活跃度可能成为一个有效的情绪指标，但在市场低迷或波动加大时，投资者可能更加谨慎，导致交易数据无法真实反映其内心的真实情绪。同样地，基于问卷调查的指标可能受到样本选择偏差、回答意愿和准确性的限制，而社交媒体情绪分析则可能受到噪声信息、机器人账号和情绪表达主观性的影响。因此，过度依赖单一指标可能导致对投资者情绪的判断出现偏差，进而影响到投资策略的制定和风险管理。在理想情况下，应构建一个综合多个维度和来源信息的投资者情绪指标体系，以提高对市场情绪和趋势预测的准确性和可靠性。这样的体系能够更全面地反映投资者的心理状态和市场预期，为投资者提供更加科学、合理的决策依据。

为了解决上述问题，很多学者选取单一变量的共同特征，构建新的复合情绪变量，如Baker和Wurgler（2006）[2]选取六个单一投资者情绪指标，通过主成分分析法构建投资者情绪综合指标。将主成分分析后得到的第一主成分作为投资者情绪代理变量，可以有效提高情绪变量的准确度。Yu和Yu（2011）[18]等的研究也都借鉴了这种代理变量的使用。另外，国内学者黄德龙等（2009）[19]，蒋玉梅和王明照（2010）[20]，宋泽芳和李元（2012）[21]等，也借鉴了这一构建方法，使用主成分分析法将多个单一变量复合化。此外，也有学者通过其他方法复合投资者情绪指标，如池丽旭等（2012）[21]基于卡尔曼滤波的方法构建情绪指标，Brown和Cliff（2005）[9]将主成分分析法和卡尔曼滤波法构建的复合代理变量进行相关性检验，结果证明二者存在高度相关。上述内容说明在计算投资者情绪代理变量时，卡尔曼滤波法和主成分分析法各自具有鲜明的优缺点。主成分分析法是一种经典的数据降维技术，它能够通过线性变换提取原始数据中的主要特征，从而有效地剔除冗余信息。这种方法在处理具有多个相关情绪指标时，能够简化数据并保留关键信息，但其缺点是可能无法完全消除额外变量带来的影响，导致情绪度量的精度受到一定的影响。相比之下，卡尔曼滤波法则是一种递归的最优估计方法，它能够从被选取的情绪代理指标中提取共同成分，并将偏差信息视为随机变量，从而减少误差。这种方法在处理动态数据时表现出色，能够不断通过模型的迭代计算、估算以及最终预测，得到较有相关性的最终指标。然而，卡尔曼滤波法的参数估计较为困难，且在实际应用中需要满足一定的条件，如原始变量的连续性等，这在一定程度上限制了其广泛应用。因此，在选择计算方法时，需要根据具体的研究目的和数据特点进行权衡。

股市中的羊群行为构成了一个独特的非理性现象，它反映了投资者在决策过程中过度依赖外界信息和公众舆论，而忽视了对投资标的内在价值的独立理性判断，从而形成了盲目的从众趋势。具体而言，股市羊群行为描述了在信息不足的情况下，投资者的决策更多地受到情绪波动的影响，并倾向于模仿他人的投资行为。投资情绪作为普遍影响投资者决策制定的因素，在羊群行为中发挥着关键作用。从理论上讲，理性的投资者应基于基本面数据做出投资决策，并在发现股票价格与实际价值偏离时实施套利行为。但在实践中，非理性情绪如悲观或过度乐观等常常驱使投资者偏离理性路径，成为羊群行为的催化剂。尽管如此，学术界对于投资情绪在促成羊群行为中的具体作用仍缺乏深入探讨。在国际学术界，关于投资者情绪与羊群行为关联性的研究虽然不多，但也取得了一定进展。例如，Hudson等（2020）[23]的研究表明，在英国，投资者情绪对共同基金经理的羊群行为存在单向影响，并指出基金经理所处基金结构的差异会影响其受情绪驱动的羊群行为特性。郑瑶等（2016）[24]论证了异质性情绪的强度与股市羊群行为强度之间的正相关关系，并指出相比积极情绪，消极情绪对羊群行为的作用更为显著。肖争艳等（2019）[25]选取东方财富网上的帖子内容构建投资者情绪指标，对散户投资者的投资者情绪进行研究，并进一步研究其与羊群效应的关系。张本照等（2021）[26]通过对普通股基金的研究，分析投资者情绪与基金市场羊群效应的关系，结果显示二者之间存在相关关系。综上所述，投资者情绪与羊群效应之间必然存在某种关系，本书将对其进行进一步研究。

关于投资者情绪对股票价格波动性的影响研究，其核心聚焦于探究投资者情绪在何种程度及方式上能够影响股市的波动性。大量相关文献已广泛证实，投资者情绪的波动对股票市场价格的变动具有显著且直接（或间接）的效应。例如，Lee、Jiang 与 Indro（2002）[4]的研究中，通过实证分析探讨了噪声与交易风险变化对证券市场股价波动性水平的影响，并揭示了投资者情绪的快速高涨或急速低落通常与证券市场股价波动趋势的显著上升或下降存在直接关联。Preis、Reith 和 Stanley（2010）[27]利用谷歌搜索次数的数据，首次揭示了标准普尔500指数成分股的周波动率特征与搜索频次变化之间存在的紧密联系。

在国内研究方面，王美今和孙建军（2004）[28]指出，投资者情绪的变化能显著影响股市收益和股市波动性。周洪荣等（2012）[29]研究发现，市场投资者情绪与股票市场的价格波动存在动态相关关系，并互相具有可解释性。张宗新和王海亮（2013）[30]对投资者情绪和市场大幅波动之间的联系进行研究，结果得出其有显著正向作用。段江娇等（2017）[31]研究发现，股吧的发帖量与股价波动存在滞后正相关关系。郭代玉珠（2018）[32]的研究解释了投资者情绪与波动率的"杠杆效应"之间的联系，认为该效应受到短期与长期情绪比例的影响。庞有振（2018）[33]的研究中虽然确认了投资者情绪与股票波动性之间的关联性，但也指出了这种影响在不同股票上表现差异的现象。关于投资人情绪对股票市场交易价格波动影响的研究，主要集中在探讨投资人情绪如何影响当前股市价格的波动程度及其相对重要性。众多专业文献均表明，投资人情绪是市场股价波动的一个显著影响因素。Da 等（2015）[5]利用谷歌搜索结果构建投资者情绪代理变量，其能够准确预测股市短期内的回报率逆转和波动性增加。裴茹（2020）[6]使用东方财富网股吧发帖数量作为投资者关注的代理变量，得出投资者情绪能显著正向影响股票成交量和股市波动，并对未来数据进行预测。目前对投资者情绪的研究已经取得一些成果，但还存在一些不足，主要分为以下两方面。首先，现有研究文献较少探讨如何将市场交易行为数据与网络平台信息相结合，以构建全面的客户情感综合指标。其次，在探讨投资者情绪变动对资本市场价值波动的综合影响时，缺乏一个对证券市场投资者情绪变化规律进行细致且系统的分解，因此，相关研究结果还有待进一步总结与深化。

2.2　羊群效应综述

2.2.1　机构投资者的羊群效应研究

在羊群理论的研究领域内，Scharfstein 和 Stein（1990）[34]的研究首次揭示了委托代理关系下管理者声誉对投资决策的影响，以及由此产生的声誉羊群现象。这一现象在投资领域具有显著的影响，可能导致资源的错误配置和市场的波动。因此，理解声誉羊群现象对于制定有效的投资策略和管理政策具有重要意义。随后，Banerjee[35]在 1992 年的研究成果具有开创性意义，其研究表明信息不对称在羊群效应的产生过程中扮演着极为关键的角色，并据此创新性地提出了信息流模型。这一模型为原本在复杂市场现象中的羊群效应研究指明了新的方向，开拓出全新的研究视角。羊群效应理论模型聚焦于深入剖析市场环境里羊群效应的各类影响要素及其产生的作用效果。它连接着理论研究与市场实践，通过精准地解析羊群效应背后隐藏的规律与机制，为金融等相关领域的稳健发展提供了不可或缺的理论支撑与实践指导，有力地推动着该领域不断迈向新的高度，在学术探索与行业进步的道路上留下了深刻且坚实的脚印。

除了理论研究，当前学者对于羊群效应也有一定程度的实证研究，现有的羊群效应的代理变量主要分为两大类：一类是基于交易行为的代理变量。最具代表性的是Lakonishok等（1992）[36]提出的LSV模型。学者刘成彦等（2007）[37]、Celiker（2015）[38]、Economou（2015）[39]、伍旭川和何鹏（2005）[40]也参照了这一方法。主要包括买卖不平衡指标。这种指标主要衡量买入和卖出交易的不平衡程度。例如，在股票市场中，如果某一时期大量投资者同时买入或卖出某只股票，就可能暗示存在羊群行为。假设在一个交易日内，某股票的买入订单数量远远超过卖出订单数量，且这种情况持续多日，就可以通过买卖不平衡指标来捕捉这种羊群效应。它通过计算买入量和卖出量的差值或者比例来量化羊群行为的强度，还包括交易集中度指标。关注特定资产的交易在投资者之间的集中程度。比如，在一个基金市场中，如果大部分投资者都集中购买或赎回某几只基金，交易集中度就会很高，这可能反映了投资者的羊群行为。它可以通过计算持有某一资产的投资者数量的分布情况，或者某一资产的交易量在不同投资者群体中的分布比例来衡量。另一类是基于收益离散程度的代理变量，包括横截面收益标准差（CSSD）。其中有代表性的是Christie

和 Huang（1995）[41]提出的股票收益曲线的横截面标准差（CSSD）模型，又称CH模型，CSSD是衡量同一时期不同资产收益离散程度的指标。在没有羊群效应的情况下，资产收益应该呈现较为分散的状态。但如果出现羊群效应，投资者的行为会趋同，导致资产收益的离散程度降低。例如，在一个股票投资组合中，如果正常情况下各股票的日收益率波动较大，但是在某段时间内，这些股票的收益率变得非常相似，CSSD的值就会变小，这可能意味着投资者在跟风操作，出现了羊群效应。还包括横截面绝对偏离度（CSAD）。Chang 等（2000）[42]在CSSD的基础上提出了股票收益曲线的横截面绝对偏离度（CSAD）法，也是衡量资产收益离散程度的指标。不过，CSAD在计算方法上与CSSD有所不同，它更侧重于衡量单个资产收益与市场平均收益的绝对偏离程度。当存在羊群效应时，资产收益会向市场平均收益靠拢，CSAD的值也会相应减小。通过观察CSAD的变化，可以推断市场中是否存在羊群行为以及羊群行为的程度。学者基于CSAD指标构建CCK模型，宋军和吴冲锋（2001）[43]、Galariotis 等（2015）[44]、Chiang 和 Zheng（2009）[45]、Li 等（2022）[46]也借鉴这一模型进行了分析。

在学术研究的早期进程中，诸多学者就将目光聚焦于羊群效应的存在性这一关键议题上，其中具有代表性的有 Christie 和 Huang[41] 在 1995 年以及 Chiang 和 Zheng[45] 在 2009 年开展的相关研究工作。他们通过严谨且深入的分析与实证探究发现，在发达国家相对成熟且规范的股市环境里，羊群效应并未呈现出显著的特征。这一研究成果在当时的学术界引起了广泛的关注与讨论，促使后续的研究方向发生了转变。随着研究的不断深入与拓展，人们逐渐意识到仅仅探究羊群效应的存在与否已不足以满足对金融市场复杂现象全面理解的需求，于是开始着重将精力投入对羊群效应影响机制的剖析中。尤其是近年来，随着金融市场的全球化进程加速、信息技术的飞速发展以及各类新型金融工具的不断涌现，股票市场中的羊群效应所受到的影响因素越发复杂多样且值得深入探究。

例如，市场的信息传播速度与透明度成为重要的影响因素之一。在信息传播极为迅速且透明的今天，投资者能够更加及时地获取海量的市场信息，但同时也可能因为信息过载或者虚假信息的干扰而产生趋同的投资行为。当某些重大市场消息通过互联网等渠道瞬间传遍整个投资群体时，投资者可能会在缺乏深入分析的情况下，盲目跟随大众的投资决策，从而引发羊群效应。此外，投资者的个体特征也对股票市场中的羊群效应有着不可忽视的影响。从投资者的投资经验来看，新手投资者往往由于缺乏足够的市场知识与投资技能，更容易受到市场主流观点或者其他投资者行为的影响。他们可能会过度依赖所谓的"专家建议"或者周围投资者的操作，进而参与到羊群行为中。而经验丰富的投资者虽然在一定程度上能够凭借自身的判断做出独立决策，但在面临极端市场行情或者市场恐慌情绪蔓延时，也可能会动摇自己的信念，加入"羊群"中。投资者的风险偏好也是一个关键因素。风险厌恶型投资者在市场波动时往往更倾向于采取保守策略，而当他们看到大多数投资者在进行某种投资操作时，可能会为了降低自身的风险感知而跟随大众，即使这种操作可能并不符合他们原本的投资计划。再者，市场的宏观环境与政策导向同样深刻地影响着股票市场中的羊群效应。在经济繁荣时期，市场整体乐观情绪高涨，投资者可能会因为对未来经济前景的过度自信而出现跟风投资热门股票或行业的现象。例如，当央行实行宽松的货币政策，降低利率时，市场资金流动性增加，投资者可能会在这种政策导向下，纷纷涌入某些受益行业或资产，从而引发羊群行为。

机构投资者是指用自有资金或者从分散的公众手中筹集的资金专门进行有价证券投资活动的法人机构。它主要包括投资银行、保险公司、养老基金、共同基金、信托公司等金融机构。这些机构投资者通常拥有专业的投资团队，他们具备丰富的金融知识、专业的投资分析技能以及先进的投资决策工具。例如，投资银行会利用其在金融市场的专业优势，进行股票承销、并购重组等业务，同时也会为自身或客户的资金进行股票投资。

机构投资者资金实力雄厚，能够在股票市场中进行大规模的交易。De Long 等（1990）[47] 认为在市场出现波动时，他们可以凭借自身的资金优势维护市场稳定。例如，当市场出现非理性下跌，股价被低估时，机构投资者可以大量买入股票，阻止股价的过度下跌。张羽和李黎（2005）[48]、王亚平等（2009）[49]、刘进和孙苏璐（2022）[50]、王勇等（2023）[51] 等学者认为，与个人投资者相比，机构投资者的资金规模可以使其在市场中具有更强的定价能力，有助于合理股价的形成。机构投资者相对更注重长期投资。例如养老基金，它的投资周期较长，是为了满足未来养老资金的支付需求。因此，养老基金在股票市场投资时，会更倾向于选择具有长期投资价值的优质股票，而不是追逐短期的市场热点。这种长期投资理念有助于减少市场的短期波动，促进股票市场的稳定健康发展。

机构投资者在金融产品创新过程中发挥着重要作用。如杨德勇和董左卉子（2007）[52]、王磊等（2011）[53]、蔡庆丰和杨侃（2013）[54]、Boone 和 White（2015）[55]、刘进和孙苏璐（2022）[50]，他们凭借自身的专业知识和对市场需求的敏锐洞察力，积极参与新型金融产品的设计和开发。例如，在股指期货等衍生品的推出过程中，机构投资者能够提供专业的建议，帮助完善产品的设计细节，使其更符合市场的实际需求。同时，机构投资者也是这些新型金融产品的主要使用者，通过运用金融衍生品进行风险管理等操作，推动了金融市场的创新和多元化发展。随着科技的发展，机构投资者积极推动股票交易方式的创新。例如，它们率先采用算法交易，通过预先设定的交易策略和算法，利用计算机程序自动进行交易。这种交易方式不仅提高了交易效率，还为市场带来了新的交易理念和技术，促进了整个股票市场交易效率的提升。

机构投资者作为上市公司的重要股东，有能力也有动力参与公司的治理。当机构投资者持有公司较大比例的股份时，它们可以通过股东大会、董事会等渠道，对公司的重大决策产生影响。例如，在公司的战略规划、高管薪酬、并购重组等重要事项上，机构投资者可以凭借自身的专业知识和利益诉求，提出合理的建议和意见，促使公司做出更有利于股东利益和公司长期发展的决策。机构投资者可以监督公司管理层的行为，防止管理层的自利行为。例如，当发现公司管理层存在滥用职权、财务造假等不当行为时，机构投资者可以联合其他股东，通过法律手段或者在股东大会上表达不满，要求更换管理层，从而保障公司的健康运营和股东的利益。

还有部分学者认为机构投资者也存在很多缺点。Allen等（2006）[57]、史永东和王谨乐（2014）[58]、吴晓晖等（2019）[59]的研究表明，尽管机构投资者被认为具有专业的投资分析能力，但在某些情况下也会出现羊群行为。在市场热点频繁切换的环境下，当一部分机构投资者对某一新兴行业或热门股票表现出浓厚的兴趣并开始大量投资时，其他机构投资者可能会担心错过投资机会而跟风操作。这种羊群行为可能导致股票价格在短期内被过度高估。在20世纪末的互联网泡沫时期，许多机构投资者纷纷涌入互联网相关股票，推动其价格节节攀升，远远超出了其实际价值，最终泡沫破灭，给市场带来巨大冲击。机构投资者之间的信息交流和行业研究报告的广泛传播也可能加剧这种羊群行为。当多家机构投资者依赖相似的信息源和研究方法时，很容易得出相近的投资结论，从而导致投资行为的趋同。这种行为不仅会扰乱市场的正常定价机制，还可能使市场波动加剧，对市场的稳定性产生负面影响。

许多机构投资者面临着来自客户或投资者的短期业绩考核压力。共同基金的业绩排名是吸引投资者资金的重要因素。为了在短期内获得较好的排名，基金经理可能会过度关注季度或年度的业绩表现，而采取一些短视的投资策略。薛文忠（2012）[60]、Jiang和Kim（2015）[61]、丁乙（2021）[62]等学者还认为，这种短视行为可能导致他们忽视公司的长期价值，频繁地买卖股票以追逐短期利润。这种短期交易行为可能会对股票市场的资源配置效率产生不利影响。从公司角度来看，频繁的股票交易可能会使公司管理层过于关注短期股价表现，而不是致力于公司的长期战略规划和核心竞争力的提升。此外，大量的短期交易也会增加市场的交易成本，包括佣金、印花税等，降低市场的整体效率。

此外，机构投资者内部存在多种利益冲突。以投资银行为例，它一方面要为企业客户提供股票承销等服务；另一方面又要为自己或客户的资金进行股票投资。在这种情况下，投资银行可能会面临两难的选择。如果为了获取股票承销业务而对企业的真实情况进行隐瞒或者夸大其投资价值，那么在自己或客户进行股票投资时就可能会遭受损失；反之，如果如实评估企业的情况，可能会失去股票承销的业务机会。许年行等（2013）[63]、曹丰等（2015）[64]、黄诒蓉和白羽轩[65]、姜富伟等（2022）[66]认为，机构投资者与所投资公司之间也可能存在利益冲突。当机构投资者持有公司较大比例的股份并能够对公司决策产生重大影响时，可能会利用这种优势为自己谋取私利，而不是完全从公司和其他股东的利益出发。例如，机构投资者可能会推动公司进行有利于自己的关联交易，或者通过操纵公司的股利分配政策来获取更多的收益，损害了公司和其他股东的利益。

机构投资者通常拥有庞大的投资团队和复杂的投资决策流程，这导致其运营成本较高。例如，投资银行需要支付高额的员工薪酬，包括分析师、交易员、投资经理等的工资和奖金。这些人员往往是金融领域的专业人才，其薪酬水平较高。机构投资者还需要投入大量的资金用于信息收集、研究分析和投资决策系统的建设。这些高昂的成本最终可能会转嫁到投资者身上，或者通过频繁的交易从市场中获取补偿。对于投资者来说，较高的管理费用会降低其实际收益；对于市场来说，机构投资者为了弥补成本而进行的频繁交易可能会增加市场的波动性，降低市场效率。如代昀昊等（2015）[67]、孔东民和孔高文（2015）[68]、孔东民和王江元（2016）[69]的相关研究结论。

所以，围绕机构投资者投资行为开展的研究，其中涵盖羊群行为这一关键方面，在当下依旧属于极为重要的研究课题范畴。该项研究不但在理论层面蕴含着重要价值，而且能够为后续深入探究机构投资者于我国证券市场所扮演的角色及其对市场产生的各类影响等相关问题，积累丰富的实证经验并构筑坚实的依据基础。本章节将会针对机构投资者羊群行为的前沿研究成果予以概括性阐述与总结梳理。

首先，部分学者认为机构投资者和非机构投资者的羊群行为存在显著差异，国内股票市场的羊群行为主要是受到机构投资者的驱动。Hsieh（2013）[70]、姚禄仕和吴宁宁（2018）[71]等分别研究了机构投资者和非机构投资者在股票市场的羊群行为，并对比二者的差异。李志文等（2010）[72]发现，我国机构投资者羊群行为比个人投资者更为显著，原因在于信息获取和处理上，信息来源同质化且处理模式标准化，易导致投资决策趋同；投资策略与目标方面，业绩考核标准相似促使策略趋同，且多集中投资大盘蓝筹股，受影响时易集体行动；委托－代理关系中，代理人受风险偏好及代理成本的影响而跟风；在行业竞争压力和声誉机制下，机构会模仿成功投资行为或为声誉而跟随，这些因素综合作用使得机构投资者羊群行为更为凸显。Hsieh（2013）[70]利用基于LSV的Wermers修正模型分析台湾地区股市数据，也得出了此结论。姚禄仕和吴宁宁（2018）[71]的研究结果同样表明此观点。

另有陈国进和陶可（2010）[73]、Litimi等（2016）[74]、胡昌生和朱迪星（2008）[75]等学者指出，鉴于机构投资者于信息获取以及分析能力方面相较个人投资者更具优势，所以其更趋向于独立做出决策[76]。由此，机构投资者的羊群行为程度在事实上要低于个人投资者，并且在出现羊群行为决策之际，也会展现出更强的理性特征[77]。

其次，孙培源和施东晖（2002）[78]、苏艳丽和庄新田（2008）[79]、路磊等（2014）[80]等学者研究发现，国内的机构投资者存在明显的羊群行为（朱彤、叶静雅[81]，2009；魏立波[82]，2010）。其中，吴福龙等于2004年研究表明[83]，在我国机构投资者的交易行为里，买入羊群行为相比卖出羊群行为表现得更为突出。相反，苏艳丽和庄新田在2008年却持有相反观点[79]，他们指出国内机构投资者的买入羊群行为程度远不及卖出羊群行为那般明显。2013年，李奇泽等运用LSV模型展开实证研究[84]，结果显示机构投资者在中小板进行交易时，呈现出极为显著的羊群行为，甚至其程度超过了主板市场的情况。程天笑等在2014年借助Sais测度以及FHW测度等方法进行验证[85]，得出我国机构投资者的羊群行为程度显著高于QFII的结论。路磊等同样在2014年提出[80]，以中国开放式基金作为典型代表的机构投资者确实存在显著的羊群行为，这主要是因为机构投资者为了维护自身在行业内的业绩排名以及良好声誉，需要在投资决策上与其他投资者保持一致。

在国外机构投资者羊群行为存在性方面，Alda和Ferruz在2016年针对西班牙证券市场的股票型养老基金和一般养老基金予以实证剖析[86]。研究显示，这些机构投资者总体上未呈现显著羊群行为，不过在买入操作时却有明显羊群行为，且在2008年金融危机期间，买入羊群行为更为突出。Blake等[87]于2017年的实证研究表明，英国固定收益养老基金作为机构投资者代表也存在显著羊群行为。

部分学者还指出，机构投资者羊群行为程度和其交易股票的规模、换手率、市场涨跌期等因素有关联。像陈浩[88]在 2004 年、伍旭川和何鹏[40]在 2005 年、姜新和黄静[89]在 2005 年、胡赫男和吴世农[90]在 2006 年、田存志和赵萌[91]在 2011 年等都有相关研究。其中，田存志等经研究发现，机构投资者在交易大盘股时羊群行为更显著。然而，Hsieh 却认为机构投资者在交易换手率低且规模小的股票时更易产生羊群行为。丁乙实证研究还发现机构投资者在市场下跌期存在严重羊群行为[62]。

2.2.2 金融市场中的羊群效应研究

在市场震荡期，羊群效应危害显著。投资者因盲目跟风，使市场交易行为高度趋同，加剧价格波动[92]。资产价格可能被不合理推高或压低，形成价格泡沫或恐慌性抛售，导致市场定价机制失灵，难以反映资产真实价值。同时，还会降低市场流动性，大量资金集中进出，使交易难以顺畅进行。对于理性投资者，其策略受冲击，投资决策被干扰，难以依据基本面分析进行操作。对于企业而言，股价异常波动影响其融资环境与声誉，增加经营不确定性，阻碍长期战略规划实施，最终损害市场整体资源配置效率，延缓市场健康稳定发展进程。

我国股票市场中经常出现羊群现象，这一现象已成为众多学者研究的焦点。在上文已详细列出了一系列用于羊群效应的实证研究模型，这些模型犹如精密的仪器，帮助研究者们深入剖析羊群效应在我国股票市场中的内在机制与外在表现。其中，LSV 模型是较早被广泛应用的经典模型之一，它通过对特定时期内投资者买卖行为的细致分析，衡量投资者在交易过程中的羊群行为程度，以数据化的方式呈现出投资者在面对市场波动时，是否倾向于追随他人的投资决策，进而判断羊群效应的强弱。此外，还有 CSSD 模型（即横截面收益标准差模型），该模型聚焦于不同股票在同一时期的收益离散程度。在正常的、不存在明显羊群效应的市场环境中，各股票的收益应当呈现出较为自然的分散状态，而一旦羊群效应开始显现，投资者的趋同行为会使得股票收益的离散程度显著降低，CSSD 模型便是基于这一原理，通过对收益离散程度的精准测算，来判定羊群效应是否存在以及其影响的深度与广度。CSAD 模型（即横截面绝对偏离度模型）与 CSSD 模型有着相似的研究视角，但在计算方法和对数据的处理上略有不同。它着重考量单个股票收益与市场平均收益之间的绝对偏离情况，当羊群效应促使投资者的投资行为逐渐趋同，股票收益会逐渐向市场平均收益靠拢，CSAD 模型通过监测这种偏离度的变化，有效地捕捉羊群效应在股票市场中的踪迹，为深入理解羊群效应的作用机制提供了有力的依据。

这些实证研究模型从不同维度对我国股票市场中的羊群现象进行量化分析，为后续的研究以及市场监管等多方面工作奠定了坚实的基础。

上述模型都是基于 OLS 模型扩展得出，其存在诸多缺点。首先，其线性关系假设具有局限性，股票市场中投资者行为受多种复杂因素交互影响，存在非线性变化，如市场情绪突变时的跟风行为，这使模型难以精准捕捉极端或特殊情况下的羊群效应真实状况。其次，易受异方差问题困扰，股票市场数据常存在异方差，波动剧烈期与平稳期方差不同，而模型假设误差项方差恒定，会导致估计结果偏差，造成对羊群效应程度的错误判断。再次，存在多重共线性干扰，因市场数据复杂，研究变量间可能高度相关，使系数估计不稳定，难以准确区分各变量对羊群效应的独立贡献，易错误分配变量重要性。最后，对异常值敏感，股票市场中的异常值可能源于重大消息或操纵行为，会干扰模型拟合，改变参数估计，致使模型对正常羊群行为模式产生误判。

Chiang 和 Zheng[45]在 2009 年通过修正后的 CCK 模型对全球金融市场中的羊群效应实证分析，得出大多发达国家的金融市场都存在不同程度的羊群效应。Galariotis[44]在 2015 年也通过对英国和美国金融市场中的羊群效应进行检验，得出在金融危机时期均显著。此外，Klein[93]在 2013 年的研究显示，欧美国家的金融市场中羊群效应相对要比亚洲国家的小，并且大多不出现在平稳市场时期。宋军和吴冲锋（2001）[43]、刘海飞等（2011）[94]、马丽（2016）[95]等学者还研究发现，金融市场中的羊群效应与信息传播紧密相关。当信息不透明或者信息传播渠道有限时，投资者往往会参考他人的投资行为来获取信息，进而引发羊群效应。市场情绪也会导致羊群效应，此外，投资者的认知偏差也与之有关，许多投资者过度自信或者过度依赖他人的经验，缺乏独立判断，看到别人的操作后就盲目跟随，从而促使羊群效应的形成（顾荣宝、蒋科学，2012[96]；朱慧明　等，2016[97]；李惠璇　等，2019[97]；张大永　等，2021[179]）。

熊维强和宋军（2006）[99]、李少星等（2020）[100]等学者还对反向羊群效应进行了研究。反向羊群效应是与传统羊群效应相对的一种现象。在传统羊群效应中，投资者通常会跟随大众的投资行为，在市场上涨时跟风买入，在市场下跌时恐慌抛售。而反向羊群效应是指投资者做出与大多数人相反的投资决策[101]。例如，当市场上大多数投资者在疯狂追捧某一只股票，使其价格被不断推高，而具有反向羊群效应的投资者却能够冷静分析，看到该股票可能被高估的情况，进而选择卖出或者不买入这只股票。他们不会被主流的乐观情绪左右，而是基于自己的独立判断，包括对公司基本面、行业发展趋势、宏观经济环境等因素的综合考量。从行为金融学角度看，这种投资者可能具有更强的风险承受能力和自信心。他们可能会利用大众的非理性行为来获取收益。比如在市场恐慌性抛售时，反向羊群效应投资者可能会认为资产被低估，从而选择买入，等待市场情绪恢复正常、资产价格回升后再卖出获利。反向羊群效应在一定程度上有助于稳定金融市场价格，它可以缓解因传统羊群效应导致的价格过度波动。当多数人盲目跟风使价格偏离价值时，反向投资者的行为能够对价格起到制衡作用。此外，Arias（2020）[102]、Bharti 和 Kumar（2021）[103]等学者还研究了公共突发事件的羊群效应的影响，他们通过研究疫情时期不同国家金融市场的羊群行为，得出突发事件能显著影响羊群行为的程度。

2.3 针对市场影响背景中羊群效应的研究

2.3.1 市场情绪同羊群行为之间的关联探究

市场情绪与羊群效应相互交织、彼此影响。积极的市场情绪如乐观、兴奋时，容易引发羊群效应，投资者受整体乐观氛围感染，更倾向于跟风买入，推动资产价格进一步上涨，形成价格泡沫的风险增加。而消极的市场情绪如恐慌、悲观蔓延时，羊群效应也会凸显，投资者纷纷抛售资产以规避风险，导致市场价格快速下跌，甚至引发市场崩溃。同时，羊群效应的产生与发展又会反过来强化市场情绪，大量投资者的一致性行动会使市场情绪更加高涨或低落，两者形成一种循环反馈机制，共同对金融市场的稳定性、资产价格的合理性以及资源配置的有效性产生深刻影响，扰乱市场原本的运行秩序，增加市场的波动性与不确定性。李新路和韩志萍[104]2007 年的研究，以及 Andersson 等[105]2009 年的研究表明，市场情绪与羊群行为呈现出显著的正相关联系。此外，贾丽娜和扈文秀[106]在 2013 年的研究指出，基金市场中羊群行为的产生一定程度受市场情绪影响。谢晔和周军[107]2013 的研究和郑瑶[24]等 2016 的研究选取互联网帖子内容提取关键字构建投资者情绪指标，研究市场情绪对羊群效应的影响。邬松涛等[108]2017 年的研究基于多 Agent 的方法计算得出股票市场中投资者情绪的传染是造成羊群效应的主要原因［多 Agent 的计算实验方法是一种在复杂系统研究中广泛应用的方法。Agent（智能体）是这个方法的核心元素，它可以是一个个体、一个组织或者一个具有自主决策能力和行为规则的实体。在金融市场研究中，Agent 可以代表投资者、金融机构等市场参与者。多 Agent 系统是由多个这样的 Agent 组成的集合。这些 Agent 之间相互作用，其行为和决策会受到自身内部状态以及与其他 Agent 交互的影响。例如，在股票市场中，一个投资者（Agent）的买卖决策可能会受到自己的财务状况、投资目标等内部因素的影响，同时也会受到其他投资者（其他 Agent）的买卖行为、市场消息等外部因素的影响]。此外，肖争艳等[25]2019年的研究得出创业板市场中投资者情绪也能影响羊群效应的程度。国外学者对于股票市场中投资者情绪的作用也有很多研究，例如 Litimi 等[74]在 2016 年研究得出美国市场中投资者情绪会对羊群效应造成显著影响，另外，Filiz 等（2019）[109]、Haritha 和 Rashmi（2020）[110]、Meilan 和 Zhang（2020）[111]也对德国、印度和英国市场进行了相同的检测，得出结果均表明投资者情绪的影响显著，Aharon（2020）[112]还进一步分析了恐慌情绪的影响。

在测度投资者情绪的影响时，首先需要选取情绪的代理变量，现有研究主要将其分为三个类型：直接情绪指标、间接情绪指标和综合情绪指标。

直接指标是直接反映投资者情绪的指标，通常是通过对投资者的主观感受进行调查获取的。这些调查可能会询问投资者对市场前景的看法，如看多、看空还是持中性态度；或者询问投资者当前的情绪状态，是乐观、悲观还是焦虑等。例如，美国投资者协会（AAII）每周都会发布的投资者情绪调查，该调查会直接询问投资者对股票市场未来六个月的预期，统计出看多、看空和持中立观点的投资者比例，这就是一种典型的直接情绪指标，如 Qiu 和 Welch（2004）[113]，Boehme 等（2006）[114]。直接指标的优点在于能够最直观地反映投资者当下的情绪。它直接来自投资者的自我表达，能够及时捕捉市场情绪的变化。然而，其局限性也很明显。首先，调查结果可能受到调查样本的限制，样本可能无法完全代表整个市场投资者的情绪。例如，如果调查样本主要集中在某个特定地区或者某一类投资者群体（如机构投资者），那么得出的情绪指标可能会有偏差。其次，投资者的主观回答可能受到近期市场事件的过度影响，导致情绪表达不够理性，如在市场短期内大幅波动后，投资者可能会过度悲观或乐观。

间接指标是通过市场交易数据或者其他市场相关数据来间接推断投资者情绪的指标。例如，市场换手率就是一个常见的间接情绪指标。换手率高意味着股票交易活跃，可能暗示投资者情绪较为亢奋，他们更积极地参与市场买卖。另外，封闭式基金折价率也可以作为间接情绪指标，当封闭式基金折价率较高时，可能反映出投资者对市场前景不太乐观。这些指标是从市场交易行为和资产价格等方面来反推投资者情绪的。间接指标的优势在于数据获取相对容易，它们大多来自市场公开的交易数据，不需要专门的调查。而且这些数据能够反映投资者实际的投资行为，相对比较客观。但是，间接指标的解释具有一定的模糊性。例如，高换手率可能不仅是因为投资者情绪乐观积极，还可能是由于市场结构变化、新的交易策略出现等因素。所以，单独使用间接指标来衡量投资者情绪可能会产生误解，需要结合其他指标进行综合分析。

综合指标是将直接指标和间接指标结合起来，以更全面、准确地衡量投资者情绪的指标。构建综合指标的方法有多种，一种常见的方法是通过统计方法，如主成分分析或者因子分析。这些方法可以将多个直接和间接指标进行整合，提取出最能代表投资者情绪的综合因子。例如，Baker 和 Wurgler 将投资者情绪调查数据、市场换手率、封闭式基金折价率等多个指标综合起来，利用主成分分析构建一个综合情绪指标[2]。综合指标的优点在于能够综合考虑多种因素，避免了单一指标的片面性。它可以更准确地反映投资者情绪的真实状态，无论是在市场平静期还是在波动剧烈期。在市场研究和投资决策中，综合指标可以用于预测市场趋势、评估市场风险等多个方面。例如，当综合情绪指标显示投资者情绪极度乐观时，可能预示着市场短期内有过热的风险，投资者可以据此调整自己的投资策略，金融监管机构也可以将其作为市场监管的参考依据。

2.3.2　市场波动同羊群效应二者的相互联系研究

研究市场波动与羊群效应的关系具有多方面重要意义。它有助于深入理解市场稳定性，因为羊群效应在市场波动时可能加剧价格偏离内在价值，引发不稳定甚至危机；对投资者而言，能为其风险评估与管理提供关键依据，使其知晓除价格波动风险外还有跟风导致的异常波动风险并制定应对策略；从市场效率角度看，可考量羊群效应是否干扰信息传递机制影响市场效率；对政策制定者和监管机构来说，能为制定金融监管政策、宏观经济政策提供参考以维护市场秩序；对于金融机构和专业投资者，可据此优化投资策略，如量化投资策略识别其中模式寻找机会以及投资顾问提供合理资产配置建议。众多学者通过深入分析与探讨，普遍认为由于政策的频繁干预、市场信息的不对称性、投资者心理因素的复杂交织等多重因素的作用，我国证券市场的羊群行为呈现出一种独特且复杂的特征。这种羊群行为不仅具有高度的易变性，还伴随着短期的脆弱性，可以被视为一种典型的"从众行为"。

值得注意的是，短期羊群效应会导致股票市场价格波动明显加剧。当大量投资者在短期内跟风买入某只股票时，会迅速推动该股票价格上涨，使其价格可能在短时间内远远高于其内在价值。相反，若投资者集中抛售，股票价格则会急剧下跌。例如，在一些热门概念股票受到市场追捧时，众多投资者蜂拥而入，股价可能在几天甚至几小时内大幅攀升；而一旦出现负面消息，投资者又会竞相抛售，股价瞬间崩塌。这是因为羊群效应使得投资者的买卖决策高度趋同。在短期内，市场信息传播迅速，投资者往往来不及进行深入分析，就跟随大众的行为。当一部分投资者的行为引发其他人跟风时，就会形成一种"滚雪球"效应，导致买卖力量在短时间内严重失衡，从而造成股价的剧烈波动。孙培源和施东晖（2002）[78]，闫海峰和李鑫海（2010）[115]，刘海飞等（2011）[94]，刘刚等（2016）[116]，曾懿亮（2016）[117]等学者的研究证明这一结论。

短期羊群效应还可能会使股票市场的流动性出现异常变化。在羊群行为发生初期，若投资者大量买入，市场流动性看似增强，因为交易频繁，有大量的买单进入市场。然而，当市场情绪反转，投资者纷纷抛售时，可能会出现流动性枯竭的情况。例如，在股市暴跌时期，卖单堆积如山，而买单稀少，许多股票难以成交。这是由于投资者在短期羊群行为中，关注点主要集中在跟随群体行为上，而忽视了市场的真实供需关系。在买入阶段，大家都在抢购股票，似乎市场流动性很好；但在卖出阶段，由于缺乏足够多的理性买家来承接大量的卖单，就会导致流动性危机。例如，张红伟和毛前友（2007）[118]、陈莹等（2010）[119]、Paulo和Harminde（2011）[120]、郑丰等（2015）[121]、张一锋等（2020）[122]。此外，该作用还会对股票市场的效率产生负面影响。有效市场假说认为市场价格应该反映所有可用信息，但羊群行为使得投资者过度关注他人的行动，而忽略了公司的基本面等重要信息，导致股票价格不能真实地反映其内在价值，降低了市场配置资源的效率。例如，一些业绩不佳但被炒作的股票价格虚高，而一些真正有价值的股票却可能被忽视。这是因为投资者的心理因素起到了很大的作用。他们害怕错过机会或者担心遭受损失，从而放弃自己的独立判断，盲目跟随他人。这种行为使得市场信息的传导机制出现扭曲，股票价格不能有效地根据公司的实际经营状况和未来发展前景等信息进行调整，进而影响市场效率[123]。如李勇和王满仓（2011）[124]、蔡庆丰和杨侃（2013）[54]、许年行等（2013）[63]、刘祥东等（2014）[125]、顾荣宝等（2015）[126]、邬松涛等（2017）[108]、朱菲菲等（2019）[127]学者也进一步证明了这一结论。

值得一提的是，郑挺国和葛厚逸（2021）的研究还将视角拓展到了中国香港以及中国台湾地区的证券市场[128]。研究发现，台湾地区的市场羊群效应更受高波动性的影响，香港地区则不受市场波动的影响。相较国内市场，海外市场的研究出现一定的差异，如Paulo和Harminder（2011）研究发现中国市场的羊群效应比印度的更显著[120]，Ouarda等（2013）认为在金融危机影响下的欧洲各国金融市场中，羊群行为的显著增加进一步推高了市场的波动性水平[129]。Blasco等认为，西班牙市场中的羊群效应对股票波动有显著影响。

综上所述，无论是在国内还是海外市场，市场波动与羊群行为之间的相关性都是一个复杂且值得深入探讨的话题。未来的研究需要更加全面、深入地分析这一关系，以揭示其内在的机制和规律，为证券市场的稳定和发展提供有力的理论支持和实践指导。

2.3.3　市场流动与羊群效应的关系

市场流动性是指资产能够以合理的价格顺利买卖的能力，它反映了市场中资产交易的活跃程度和效率。简单来说，就是在市场上快速买卖资产而不会导致资产价格大幅波动的能力。在一个流动性高的股票市场中，投资者可以在短时间内大量买入或卖出股票，并且股票价格不会因为这些交易而出现剧烈变化。它不仅反映了市场的活跃程度和交易顺畅性，还深刻影响着投资者的交易决策与行为模式，其中就包括备受关注的羊群行为。羊群行为，即投资者在市场中的模仿性交易倾向，其产生与扩散在很大程度上受到市场流动性状况的影响。如沈豪杰和黄峰（2009）[130]、沈悦和赵建军（2008）[131]、刘晓星等（2016）[130]。Baumeister和Leary在1995年提出了一个引人深思的观点：当机构投资者面对流动性较低的股票时，由于信息搜寻成本增加、交易对手稀缺以及价格波动性加剧等因素，他们更容易陷入信息不完全的困境，从而更倾向于模仿其他投资者的行为，即产生羊群效应[133]。这一发现揭示了市场流动性对投资者行为模式的潜在影响。

王春峰等（2008）在研究中进一步指出，传统的序贯模型在测度羊群行为时可能存在一定的局限性[134]。他们提出，基于交易量的序贯模型在捕捉市场中的羊群行为方面表现出更高的适用性和准确性。这一发现为后续研究提供了新的视角和方法论支持。沈豪杰和黄峰（2009）通过对1995—2005年这十年内股票市场的研究，得出市场羊群效应和流动性之间有相关关系[130]。他们发现，在市场流动性较低的情况下，投资者的羊群行为更为显著，成为影响市场流动性共性的一个重要因素。这一发现不仅验证了Baumeister和Leary的理论，也为理解市场流动性与投资者行为之间的相互作用提供了新的证据。此外，Galariotis 等（2015）的研究进一步拓展了这一领域的视野。他们通过对美国和英国金融市场的深入分析，发现羊群行为与市场流动性之间存在互为因果的复杂关系[44]。这一发现表明，市场流动性的变化不仅会影响投资者的羊群行为，同时羊群行为也会反过来影响市场的流动性水平，形成了一种动态的相互作用机制。刘晓星等（2016）的研究则聚焦我国金融市场，指出投资者的交易行为对市场流动性水平具有显著的影响[132]。他们通过实证分析发现，投资者的羊群行为等交易行为模式在很大程度上决定了市场的流动性状况，进一步证实了市场流动性与投资者行为之间密不可分的关系。

学者对于此持有的观点各不相同，如蔡庆丰和杨侃（2013）[54]、Park 和 Sabourian（2011）[135]、熊伟和陈浪南（2015）[136]以及 Zheng 等（2015）[137]研究得出，羊群行为具有致使市场流动性衰减的效应。在金融危机阶段，这种效应表现得尤为突出，彼时羊群行为大幅削弱了市场的流动水平。而待金融危机终结，市场流动性逐步回升之际，市场中的羊群行为也相应地渐渐隐匿。此外，Yao 等[138]在 2015 年研究指出我国金融市场中羊群效应与交易量的变化不显著，即市场的流动性对羊群效应没有显著影响。Zheng 等通过在 2017 年对亚洲国家市场的羊群效应进行研究表明[139]，通常在流动性较低时羊群效应较大，然而 Vo 和 Phan 在 2019 年的研究却指出[140]，越南市场中波动性与羊群效应呈反向相关关系。在研究市场流动性时通常选用换手率等作为代理变量（李宏等[141]，Amihud[142]）。

综上所述，市场流动性作为衡量市场运作效率的关键指标，对投资者的交易行为，特别是羊群行为，具有显著的影响。未来的研究应继续深入探讨这一关系，以揭示其内在的机制和规律，为证券市场的稳定和发展提供有力的理论支持和实践指导。

2.4 投资者情绪对股票市场收益和波动的影响

2.4.1 投资者情绪对股票市场收益的影响

从行为金融学角度来看，投资者情绪对股票收益有着多方面且复杂的影响。当投资者处于乐观情绪时，短期内会积极买入股票，推动股价上扬，进而促使股票收益上升。然而在长期，过度乐观易使投资者忽略公司基本面等关键要素，一旦市场情绪回归理性或遭遇不利因素，股价便会大幅调整，股票收益转而下降，如互联网泡沫时期，对互联网股的过度乐观致其价格虚高，泡沫破裂后收益锐减。而悲观情绪在短期内会引发投资者大量抛售股票，使股价下跌，股票收益降低，像全球性疫情突发时，市场恐慌抛售致股价短时间内大幅下挫。长期的悲观情绪则会让股票市场持续低迷，抑制投资意愿，减少资金供给，企业融资受阻，影响其发展，从而使股票的内在价值与收益难以改善。此外，投资者情绪的频繁波动也会造成股票收益不稳定，情绪波动引发买卖行为改变，从乐观突转悲观时，投资者由买入变为卖出，股价剧烈波动，收益起伏加大，同时还可能引发羊群效应，进一步放大股价波动幅度与收益变化程度，极大地增加了市场的不确定性与投资者风险。

投资者情绪在一定程度上对股票收益具有预测作用，但这种预测作用较为复杂且存在诸多限制。从理论层面来看，当投资者普遍持有乐观情绪时，往往会增加对股票的购买需求。这种积极的情绪可能预示着短期内股票市场资金流入增加，推动股票价格上升，从而带来正的股票收益。例如，在宏观经济数据向好、政策利好消息发布等情境下，投资者情绪被激发，市场交易活跃度提升，股票价格大概率会呈现上涨态势，此时投资者情绪可视为股票收益上升的一个先行信号。然而，投资者情绪并非总能精准预测股票收益。一方面，投资者情绪容易受到多种非理性因素的干扰。如市场传闻、媒体炒作等都可能引发投资者情绪的过度波动，导致其与股票的真实内在价值脱节。在这种情况下，即使投资者情绪高涨，但股票收益可能并不会如预期般增长，甚至可能因股价虚高后的回调而出现负收益。例如，一些被过度炒作的概念股，虽然在短期内因投资者的狂热追捧而股价飙升，但由于缺乏坚实的业绩支撑，最终股价大幅下跌，股票收益急转直下。另一方面，市场的复杂性和不确定性使得股票收益受到众多因素的综合影响。除了投资者情绪外，宏观经济环境、行业竞争格局、公司治理结构等因素都在持续作用于股票收益。在经济衰退时期，尽管投资者情绪可能因某些政策刺激而有所改善，但整体经济下行压力仍可能导致企业盈利下滑，股票收益降低。而且不同类型投资者的情绪对股票收益的影响也存在差异。机构投资者相对更为理性，其情绪变化可能更多基于深入的行业研究和宏观经济分析；而个人投资者情绪则更容易受市场短期波动和周边信息影响，其情绪与股票收益之间的关系更为多变和不稳定。综上所述，投资者情绪对股票收益有一定的预测价值，但不能将其作为唯一的预测依据，需要综合考量其他多种因素，才能更准确地把握股票收益的变化趋势。

根据前人的研究来看，早期部分学者如 Solt 和 Statman（1998）[8]，Clarke 和

Statman（1998）[143]等认为，投资者情绪不能显著预测股票市场的未来收益。随着研究的不断进步，2003年Fisher和Statman[144]通过研究标普指数与投资者情绪的关系，得出情绪可以显著预测未来12个月的股票收益；2005年Brown和Cliff[9]研究得出投资者情绪能预测未来1～3年的股票收益，且为负相关关系。Schmeling[145]进一步将这个结论应用于18个工业化国家，发现结果依旧显著。2006年Baker和Wurgler[2]深入构建投资者情绪综合指标，得出更有效的结论：投资者情绪影响股票价格的程度在不同的股票市场中表现不同。此外，有学者进一步研究投资者情绪对股票价格变化的敏感度[146]。国内学者同样对这一方面进行深入研究，2005年刘仁和和陈柳钦[147]首先通过好淡指数作为投资者情绪代理变量研究这一关系，得出情绪能够对股票价格进行显著预测。2007年伍燕然与韩立岩[148]的研究也表明投资者情绪不仅影响股票的档期价格，也对未来的价格有一定的作用。杨淑娥和杨红[12]通过分别研究个人投资者和机构投资者情绪的影响，得出二者均对股票收益有显著影响，且影响程度不同。

2.4.2 投资者情绪对股票市场波动的作用关系

在金融领域中，资产价格具有多个重要特征，而波动性与收益无疑是其中最为核心的两大关键要素。波动性，其本质上是对资产实际收益与预期收益之间偏差程度的精准衡量。当我们考量一项资产时，其在特定时间段内的实际收益往往会与预先设定或市场普遍预期的收益水平存在差异，而这种差异的范围与变化频率，正是波动性所着力刻画的内容。它犹如一把精细的标尺，通过量化的方式清晰地展现出资产收益的不稳定程度。与此同时，收益则直观地反映了资产在一定时期内所带来的价值增值情况。这两大特征相互交织、彼此影响，共同勾勒出资产价格的完整轮廓，并且在资产定价、投资决策以及风险评估等诸多重要金融活动中都发挥着极为关键的基石作用。无论是专业的金融机构在构建投资组合时，还是个体投资者在进行股票、债券等资产选择时，都必须对波动性和收益这两大核心特征予以深入透彻的分析与考量，以此来实现资产的优化配置并有效管理投资风险。

在金融研究与实践的早期发展历程中，资产波动率已然成为一个极为关键且核心的概念。它在当时的主要应用领域聚焦于各类资产定价模型的构建与完善之中。其中，具有代表性的资本资产定价模型，凭借资产波动率这一重要参数，得以更为精准地衡量不同资产在市场组合中的风险与收益关系，为投资者确定合理的投资回报率提供了关键依据。而在期权定价模型方面，资产波动率同样扮演着不可或缺的角色。它作为模型中的核心变量之一，深刻影响着期权价格的计算与评估。例如，著名的布莱克－斯科尔斯期权定价模型中，资产波动率的数值大小直接关系到期权的价值高低，其波动的变化趋势能够为期权交易者预测期权价格走势、制定交易策略提供极为重要的参考信息。通过在这些经典资产定价模型中的有效运用，资产波动率在早期金融领域确定了其坚实的地位，为后续金融理论的深入拓展以及金融市场的稳定发展起到了极为重要的推动与支撑作用。此时波动率的估算主要依赖于方差的计算。随着对金融时间序列特性的深入研究，学者们开发出了多种模型来更精确地描述波动率的特征。其中，Engle（1982）[150]提出的ARCH模型和Bollerslev（1986）[151]提出的GARCH模型对波动率的计算被大多数学者采用。与ARCH模型相比，GARCH模型展现出更为通用的特质。在模型识别方面，GARCH模型能够更敏锐地捕捉到数据中潜在的波动率模式与特征，通过其独特的结构设定，可以更精准地确定模型中的各项参数，从而使得模型与实际市场数据的拟合度更高。在估计过程中，GARCH模型也具备显著优势，它能够利用更为高效的算法与统计方法，降低估计误差，提高估计的准确性与稳定性。例如，在一些新兴市场中，市场波动可能呈现出较为剧烈且突发的变化，ARCH模型可能在某些特定情境下能够较好地捕捉到这种短期的波动聚集现象；而在较为成熟稳定且又存在长期记忆性波动的市场里，GARCH模型则因其能够兼顾短期波动冲击与长期波动趋势的特点，而表现出更强的适用性。因此，在实际应用中，研究者与金融从业者需要依据所面对的具体市场条件，深入分析数据特征，谨慎地选择最为适用的模型，以便能够更为精确地描述市场波动率，进而为投资决策、风险评估以及资产定价等诸多金融活动提供可靠的依据与有力的支持。

基于传统的异方差模型，很多国外学者进行扩展改造，如1987年Engle等[152]提出的ARCH-M模型，能够度量出市场波动和股票收益之间的关系，这在一定程度上可以对风险进行量化，当这种关系成为研究重点时，ARCH-M模型便成为一个合适的选择。1991年Nelson[153]构建的EGARCH模型和1994年Zakoian[154]构建的TARCH模型还加入了市场波动的非对称影响。此外，还有由Baillie等（1996）[155]提出的FIGARCH模型，加入了针对长记忆性的方面。还有一种多元GARCH模型通常被用于分析多个金融时间序列之间波动性和相关性。它是在GARCH（广义自回归条件异方差）模型的基础上扩展而来的。在金融市场中，不同资产的价格波动往往相互关联，多元GARCH模型能够同时考虑多个资产收益率序列的条件方差和协方差的动态变化。其作用主要体现在风险评估和资产配置方面。通过对资产间波动相关性的准确建模，它可以帮助投资者更好地理解投资组合中资产之间的风险传递机制，量化投资组合的整体风险，使得投资者能够在复杂多变的金融环境下，更为精准地预测资产价格的波动情况，进而优化资产配置策略，有效分散风险，避免因资产价格联动导致的巨大损失，并且为金融机构的风险管理提供更具科学性的决策依据。

随机波动模型（SV）是波动率模型中关键的一类。与异方差模型不同，它假设资产收益的波动率是一个不可直接观测的随机过程。在这个模型中，波动率自身会随着时间动态变化，并且这种变化由一个潜在的随机因素驱动。它能够更好地捕捉到波动率的持续性和波动性聚集的特征，如同在金融市场中，资产价格的波动往往不是平稳的，会出现波动聚集时期，SV 模型可以很好地对这种现象进行描述。而且它在处理金融时间序列数据时，考虑到了波动率的不确定性，使得模型在模拟资产价格动态变化和预测波动率方面具有较高的准确性，为金融风险管理、资产定价等众多领域提供了有效的工具。在随机波动模型的众多拓展形式中，自回归随机波动模型以及门限自回归随机波动模型具有极为关键的地位，它们均是由 Breidt 在 1996 年所提出的重要变体[156]。自回归随机波动模型巧妙地将自回归结构融入随机波动模型的框架之中，通过这种方式，能够有效地捕捉到时间序列数据中波动率的自相关特性。它充分考虑了波动率在不同时间点上的相互依赖关系，使得对于波动率的建模更加贴合实际数据的内在规律。而门限自回归随机波动模型则进一步在自回归随机波动模型的基础上进行了创新，其最为突出的特点便是能够精准地捕捉波动的非对称性。在金融市场等诸多实际应用场景中，波动的非对称性是一种极为常见且重要的现象。例如，在股票市场中，往往股价下跌时所引发的波动幅度与上涨时的波动幅度存在明显差异，门限自回归随机波动模型正是针对这种情况，通过设定特定的门限规则，将不同状态下的波动情况进行有效区分与建模，从而为更为细致、精确地分析与研究波动率的变化提供了强有力的工具，在金融风险管理、资产定价以及投资决策等多个领域都发挥着重要作用。

除了上述研究，金融市场上还存在很多无法解释的波动现象，Wachter（2013）[157]曾从行为金融学的角度进行研究解决。Chen 和 Kuo[158]、Sayim 等[159]在 2013 年对投资者情绪影响资产价格波动进行相关研究。1990 年，De Long 等[47]从噪声交易角度对投资者情绪的影响进行分析，随后众多学者开始对这一问题深入探索。现有的研究结论都表明，投资者情绪能够显著影响资产价格收益，如 1993 年 Brauer[160]探究的噪声交易行为与基金收益波动之间的关系，研究结果表明噪声交易行为能够解释一部分基金波动。1999年Brown[161]使用美国个体投资者情绪的指数做代理变量进行研究发现，投资者情绪可以影响封闭式基金收益波动。Lee等、Mehra和Sah（2002）[162]的研究都显示投资者情绪能够显著影响波动性。国内学者许承明和宋海林（2005）[163]的研究进一步证明了这一结论，林树和俞乔（2010）[164]基于此，从心理学的角度进行研究，证明情绪波动和资产价格波动之间存在反馈机制，过度波动可能会使金融市场产生市场泡沫。

2.4.3　投资者情绪对股票市场收益和波动的联合作用

学术界对于投资者情绪在金融市场中的作用给予了越来越多的关注，尤其是其如何同时影响收益与波动性这两大核心指标。这一研究领域的深入探索，在很大程度上得益于Lee等（2002）的开创性贡献，他们不仅强调了投资者情绪在资产定价过程中的重要性，还首次提出了情绪可能作为一种系统性风险因子的新颖观点[4]。通过结合著名的DSSW（De Long，Shleifer，Summers，and Waldmann）模型，Lee等学者得出其影响资产收益的两种影响。首先是直接影响，价格压力效应通常源于非理性投资者的过度交易行为，这些行为往往导致资产价格偏离其基本价值，从而给资产收益带来负面影响。相反，持有更多效应则是指在投资者情绪高涨时，他们倾向于持有更多风险资产，这种乐观情绪推高了资产价格，进而在短期内对收益产生正面影响；然而，当情绪低落时，投资者可能减少风险资产持有，导致价格下跌，收益受损。至于间接影响，弗里德曼效应表明，投资者情绪波动有引发资产选择及时机抉择失误的可能，这会抬升系统性风险，给资产收益带来不良影响。而创造空间效应着重体现情绪波动对理性投资者套利活动的作用。在情绪波动加剧的市场环境中，理性投资者面临的套利风险增加，可能因害怕潜在的损失而减少套利行为，这为噪声交易者（即那些基于非基本面信息进行交易的投资者）提供了更大的生存空间，进一步扭曲了市场价格，影响了资产收益的合理性。

为了实证检验这些理论假设，后来的学者们对经典的GARCH-M（Generalized Autoregressive Conditional Heteroskedasticity in Mean）模型进行了拓展和创新。该模型最初由Bollerslev（1986）[151]和Engle等（1987）[152]提出，用于捕捉金融时间序列数据中的波动性和异方差性。通过引入投资者情绪变量，研究者旨在同时分析并量化投资者情绪对资产定价的直接效应与间接效应，这不仅有助于深入理解市场情绪在资产价格形成过程中的作用机制，也为投资者、政策制定者及市场监管机构提供了更为全面和深入的决策依据。

在国内的学术研究中，一些学者深入探索了投资者情绪对金融市场的影响。王美今和孙建军（2004）[28]在其研究中，通过对中国沪深两市的深入剖析，揭示了投资者情绪变化对这两个市场收益具有显著的影响效应。他们发现，投资者情绪不仅直接影响市场的收益水平，而且还对市场的收益波动性产生了一种反向修正的作用。这种反向修正机制进一步通过风险溢价渠道，最终对市场的收益水平产生深远影响。具体而言，当投资者情绪发生波动时，它会以一种复杂的方式调节市场的收益预期和风险偏好，从而间接地影响资产定价。值得注意的是，王美今和孙建军（2004）[28]的研究结论与一些先前的发现存在细微的差异。他们观察到，投资者情绪的正向波动（即情绪上升）往往会加剧市场的收益波动性，而情绪的负向波动（即情绪下降）对收益波动的影响则相对不那么显著。这一发现表明，投资者情绪的乐观与悲观状态在市场波动中扮演着不同的角色，乐观情绪可能更容易引发市场的过度反应和波动性增加。

由于这种情绪波动带来的不确定性，投资者要求获得相应的风险溢价作为补偿，这进一步体现了情绪因素在金融市场定价中的重要作用。除了王美今和孙建军的研究，杨阳和万迪（2010）也进行了类似的探索，但他们更侧重于分析不同市场态势下投资者情绪对收益及其波动的影响[165]。他们发现，在牛市（市场上涨）和熊市（市场下跌）这两种截然不同的市场环境中，投资者情绪对收益及其波动的影响呈现出显著的差异。这一发现揭示了投资者情绪在不同市场周期中的不对称效应，为理解市场情绪与金融市场动态之间的复杂关系提供了新的视角。综上所述，国内学者在借鉴国际先进研究方法的基础上，结合中国市场的实际情况，对投资者情绪与金融市场收益及其波动性之间的关系进行了深入而细致的研究。

2.5　文献述评

通过对投资者情绪、羊群效应及其对股票市场收益和波动影响的文献进行综述，本书揭示了该领域研究的丰富性和复杂性。

在投资者情绪方面，研究指出其是市场参与者对未来展望的系统性偏误，对投资决策产生显著影响。尽管难以精确量化，但学者们已开发出多种代理指标来衡量投资者情绪，这些研究普遍认为，投资者情绪能够显著影响资产价格波动，但短期和长期的影响不同。

羊群效应作为股票市场中的一种非理性现象，其产生机理和影响因素受到了广泛关注。研究表明，在信息不足或市场不确定性较高的情况下，投资者容易受情绪波动影响，产生模仿行为。羊群效应的存在不仅加剧了市场波动，还可能引发市场崩溃。在投资者情绪对股票市场收益和波动的影响方面，研究结论较为一致。普遍认为，高情绪状态下，市场波动性增加；而低情绪状态下，市场波动性相对降低。

然而，现有研究仍存在一些不足。例如，在投资者情绪数据的测量标准方面，如何将市场交易行为数据和网络平台信息相交叉融合以构成更全面的客户情感综合指标仍是一个挑战。此外，在投资者情绪变动对资本市场价值波动造成的综合影响方面，也需要更深入的系统分解和细化研究。

综上所述，投资者情绪和羊群效应对股票市场收益和波动的影响是一个复杂而重要的研究领域。未来，研究应进一步探索更精确的投资者情绪测量方法和更全面的影响因素分析框架，以更深入地理解这些现象的本质和规律。

3　理论基础与机制分析

3.1 传统金融理论

传统金融理论作为经济学和金融学的基础，长期以来以理性人假设、有效市场假说和预期效用理论为核心支柱，然而，这些理论在面对现实金融市场的复杂性和多样性时，逐渐展现出其局限性。

3.1.1 理性人假设

理性人假设是传统金融理论的核心之一，它认为市场参与者都是理性的，能够基于完全的信息做出最优决策。理性人假设，又称经济人假设或最大化原则，是西方经济学中关于人类经济行为的一个基本假定。它是对经济社会中所有从事经济活动的人的基本特征的一般抽象。它假定每一个从事经济活动的人都是利己的，所采取的经济行为都是力图以自己最小的经济代价去获得最大的经济利益。

理性人假设具体表现在以下几方面：消费者追求效用最大化，即在有限的收入约束下，选择能够给自己带来最大满足感的商品组合；生产要素所有者追求收入最大化，即根据自己的要素禀赋（如劳动、资本等）选择能够带来最高收入的用途；生产者追求利润最大化，即在给定的成本约束下，选择能够带来最高利润的生产组合；政府则追求目标决策最优化，即在各种政策选项中，选择能够实现社会福利最大化或经济稳定与发展的最优政策。

尽管理性人假设在经济学理论中占有重要地位，但也存在一定的局限性。现实中的经济决策往往受到多种因素的影响，包括信息不完全、决策时间有限、个人认知和判断能力的限制等。这些因素可能导致个人无法做出完全理性的决策。即使在理论上假设个人是理性的，但在实际中，人们的行为也可能受到情感、习惯、社会规范等非理性因素的影响。例如，盲目抢购、跟风投资等行为就是非理性行为的表现。尽管如此，理性人假设仍然是有效市场假说的重要基石之一。它为研究者提供了一种理解市场行为和市场效率的理论框架，并在一定程度上指导了投资者的投资决策。当然，在实际应用中，投资者还需要结合市场实际情况和潜在风险进行综合考虑，以做出更加谨慎和理性的决策。

理性人假设是微观经济学分析的基本前提之一，被广泛应用于市场分析、资源配置、政策制定等领域。随着行为金融学等新兴学科的发展，人们对理性人假设进行了修正。行为金融学认为投资者是有限理性的，会犯错误，并受到心理因素的影响。因此，在实际应用中，需要充分考虑投资者的心理和行为特征，以更准确地描述和预测市场行为。

Conlisk在1996年提出，投资者有限理性假说作为经济学理论的基础，其原因主要有：人们在进行决策时会受制于更多的约束条件和有限的个人能力，这一点已经得到了很多的经验证明，所以在进行决策时，往往会伴随着一些非理性的因素，遵循着有限理性。从实际运用角度看，一个重要的判断标准就是是否符合实际的经济活动；人的能力也是一种资源，它满足了稀缺的目的。

3.1.2 有效市场假说

有效市场假说（Efficient Markets Hypothesis，EMH），这一理论框架由美国杰出经济学家Eugene Fama于1970年首次系统阐述。Fama（1970）在其研究中界定了理想市场的特征：一个能够有效为资源配置提供精确信号的市场，其中"精确信号"指的是证券价格在任何给定时间点都全面且准确地吸纳并反映市场上所有可获取的信息。在这样的市场中，企业能够依据这些信息作出生产投资决策，而投资者则能在代表企业所有权权益的各类证券中做出明智选择。当市场价格能够"全面反映既有信息"时，该市场即被视为有效市场。有效市场假说的核心观点在于，一个法律体系完善、功能健全、透明度高且竞争激烈的股票市场，能够确保所有有价值的信息——无论是关于企业当前运营状况还是未来增长潜力的信息——都被及时、精确且充分地体现在股价的动态变化之中。简而言之，t时刻金融资产的价格是由截至$t-1$时刻所有可获得的有效信息集合的联合概率分布所决定的。

这一假说并非空中楼阁，而是建立在三个核心假设之上。第一个假设，它假定市场参与者具备完全理性，即他们能够对市场新出现的信息做出理性预期和决策，不受情绪或其他外部因素的干扰，并能据此合理调整对股票价格的预期。然而，要求所有市场参与者都达到完全理性的标准显然过于理想化，因此，这一假设在实际应用中显得较为苛刻。为了贴近现实，学者放宽了第一个假设，引入了第二个假设。第二个假设允许市场中存在非理性的投资者，但假定这些非理性行为是随机分布的。如果正向偏差（即过于乐观）的非理性投资者与负向偏差（即过于悲观）的非理性投资者在数量上大致相同，那么这些非理性行为产生的正面和负面影响将相互抵消，从而不影响市场的整体有效性。尽管这一假设相较于第一个假设更为宽松，但在实践中仍面临挑战，因为投资者往往表现出羊群效应，即非理性行为容易相互模仿并趋于一致。为了进一步贴近市场实际，再次放宽假设，提出了第三个假设。该假设承认，即使非理性投资者的投资偏差无法完全相互抵消，市场上还存在专业的套利者。这些套利者通过做多被低估的资产和做空被高估的资产，利用市场中的价格偏差进行交易，从而有效纠正了非理性投资者的行为偏差。这一过程确保了市场最终能够回归有效状态，即使存在非理性的投资者，市场也能通过套利机制维持其有效性。

有效市场假说认为，在一个完全竞争、信息充分透明的市场中，投资者可以通过分析历史数据和当前的市场情况来预测未来价格走势，并能够利用这些信息做出理性决策。到了20世纪70年代，随着大量翔实的股票市场数据被收集并公开，有效市场假说的科学性得到了有力的支持，越来越多的金融学者和投资者开始接受这一理论。但是，正如自然界中总有一些难以解释的现象，金融界也不例外。特别是在80年代，当人们试图将有效市场假说应用于对一些市场异常现象的解释时，却发现了种种挑战。有效市场假说认为市场是有效的，即市场价格反映了所有可用信息，并且无法通过分析信息或者采用特定的交易策略来获得超额收益。但实际操作中，信息传播的速度和投资者对信息的解读存在差异，导致价格波动。此外，市场中的非理性行为，如过度反应或反应不足，也使得有效市场假说面临挑战。金融市场中还存在一些无法用有效市场假说来完全解释的异常现象，如市场泡沫、崩盘和危机等。例如，在华尔街股市的黑色星期一之前，并没有预示股价暴跌的新信息发布，但市场却出现了大幅下跌。行为金融学理论提出了投资者在决策过程中会受到心理因素的影响，如过度自信、羊群效应等。这些心理因素会导致市场价格的偏离，从而挑战有效市场假说的有效性。

显然，有效市场假说的三个基本假设条件均相当严格，在实际应用尤其是中国股票市场的环境中显得尤为苛刻。在中国，股票市场以散户投资者为主导，非理性交易行为占据了相当大的比例。这种市场结构特征使得有效市场假说的应用面临诸多挑战，进而暴露出其内在的一些局限性。首先，理性人假设在中国股票市场中显得尤为脆弱。由于散户投资者往往缺乏专业的金融知识和投资经验，他们更容易受到市场情绪、小道消息或媒体报道等非理性因素的影响，从而难以做出完全基于信息的理性决策。这种情绪驱动的决策行为严重偏离了有效市场假说中的理性人假设。其次，完全信息假设也在中国股票市场中遭遇了挑战。尽管市场监管部门一直致力于提高信息透明度，但由于信息不对称、信息披露不及时或虚假信息的存在，投资者往往难以获取全面、准确的市场信息。这导致市场价格无法完全反映所有可用信息，从而削弱了市场的有效性。此外，套利有限性也是有效市场假说在中国股票市场中的一个显著缺陷。由于市场结构、监管政策以及投资者行为等多重因素的影响，套利交易往往受到限制或阻碍。这使得套利者难以及时纠正市场中的价格偏差，从而影响了市场的有效性。最后，检验缺陷也是有效市场假说在中国股票市场中的一个不可忽视的问题。由于市场数据的不完整性、检验方法的局限性以及市场环境的复杂性等因素，对有效市场假说的实证检验往往难以得出一致且可靠的结论。这进一步增加了投资者在做出决策时的困惑和不确定性。

3.1.3　预期效应理论

预期效用理论（或称为预期效应理论）是金融学的一个重要理论基础，用于解释和预测人们在不确定条件下行为的重要工具，在传统金融理论中占据重要地位。预期效用理论是指在公理化假设的基础上，运用逻辑和数字工具，建立的不确定条件下对理性人选择进行分析的框架。该理论表明，在风险和不确定条件下，人们的行为是为了获得最大的效用，而不是最大的金额（期望值）。它描述了风险条件下的消费者选择行为，是金融学中用于解释和预测人们在金融市场中的决策行为的重要工具。预期效用理论是现代微观经济学的重要理论，被广泛应用于宏观经济学、金融学、计量经济学等领域。然而，实际生活中人的很多行为并不符合预期效用理论。例如，阿莱悖论就揭示了人们在面对风险和不确定性时的选择与预期效用理论的预测存在偏差。这些偏差反映了人类决策行为的复杂性和非理性，也是行为金融学研究的重点内容之一。

此外，从心理学角度来看，预期效应指动物和人类的行为不是受其行为的直接结果的影响，而是受预期行为将会带来什么结果支配。这一理论源于心理学家廷波克1928年对猴子进行的实验。廷波克训练猴子完成一项辨别任务，通过改变食物奖励（从香蕉变为莴苣叶子）来观察猴子的反应。实验发现，当猴子从容器中取出莴苣叶子而不是预期的香蕉时，猴子会显露惊讶的表情，拒绝吃莴苣叶子，并会四周搜索，寻找期望中的香蕉。这表明猴子的行为受预期结果的影响。预期效应揭示了人类行为的一个重要特征，即人们通常会根据预期的结果来指导我们的行为。如果实际结果与预期相符，将加强预期的作用力和可信度；如果预期良好而实际不符，将给人带来认知失调，从而改变原先惯有的行为。预期效应理论在经济学和心理学中具有不同的含义和应用。在经济学中，它指的是预期效用理论，用于分析不确定条件下的理性选择；在心理学中，它指的是预期效应，揭示了人类和动物行为受预期结果支配的规律。

诺贝尔经济学奖得主Herbert Simon把预期效用模型视为一个重要的理论基础，阐明了"理性人"在风险情境中做出决定的动因。然而，在现实生活中，投资者通常具有更加复杂的心理行为，这些行为会影响到他们的决策，这与理论中所假定的预期和假设相悖，从而使得依赖这个模型来指导相应的策略，有很多问题是无法解决的。预期效用理论试图通过效用函数来描述投资者在不同条件下的投资偏好。然而，这一理论在实际应用中遇到了困难。首先，投资者在决策时并不总是以概率加权的方式预期未来股票价格，这导致预期效用理论难以准确预测投资者的行为。其次，不同的投资者具有不同的风险偏好，这导致他们在面对相同的风险时会有不同的决策。预期效用理论无法充分考虑到这种风险偏好差异对投资者决策的影响。最后，实证研究的结果也表明，预期效用理论在某些情况下无法准确预测投资者的行为。例如，在面对高风险高收益的投资机会时，一些投资者可能会表现出风险寻求的行为，这与预期效用理论的预测相矛盾。

3.2 噪声交易理论

3.2.1 噪声交易成因及类型

"噪声交易"这一概念在20世纪80年代由学者Black首次明确提出。他认为，噪声交易的本质在于其会导致资产价格与其真实价值之间产生偏差。此后，这一概念引发了学术界的广泛关注和深入探讨，并催生了一系列与"噪声"相关的研究。目前，学术界普遍认为，任何导致价格与真实价值偏离的交易行为，都可以被归类为"噪声交易"。

关于噪声交易的类型，虽然具体分类方式可能因研究视角和侧重点的不同而有所差异，但一般来说，可以从以下几个方面进行归纳。

3.2.1.1 基于有限理性的噪声交易

多数传统经济学理论都秉持着一个核心观点，即交易者均为理性经济人，他们会致力于最大化自身的利益。然而，这一观点在现实的金融市场中却面临着诸多挑战。金融市场作为一个动态且复杂的环境，信息纷繁复杂、变化多端，这使得任何市场参与者的认知能力和计算能力都受到一定的局限。

在实际操作中，要求交易者全面考虑所有基本经济面的信息几乎是不可能的。由于信息的海量性和实时性，交易者往往只能根据自己的经验和能力，选择性地关注和分析部分信息。这种信息处理的局限性导致交易者在决策时难以达到完全理性的状态。此外，金融市场中还存在大量的噪声交易者。这些交易者可能并不完全基于基本面信息进行交易，而是受到市场情绪、谣言、小道消息等多种因素的影响。他们的交易行为往往带有很大的随机性和不确定性，从而加剧了市场的波动。

交易者的决策出现系统性偏差可能源于投资者的心理偏差、行为惯性或是对市场信息的误解。例如，投资者可能过度乐观或悲观，导致他们对市场的判断出现偏差。或者，投资者可能过于关注某些短期信息而忽视了长期的基本面因素，从而导致他们的决策偏离了理性的轨道。

金融市场中的交易者往往难以在完全理性的状态下做出决策。这种非完全理性的状态可能源于信息处理的局限性、噪声交易者的存在以及系统性偏差等多种因素。这些因素共同作用，使得金融市场呈现出复杂多变的特征，并给投资者带来了很大的挑战。因此，在实际操作中，投资者需要保持谨慎和理性的态度，充分考虑各种因素的影响，以做出更为明智的投资决策。

3.2.1.2 基于信息不对称的噪声交易

有效市场假说（EMH）描绘了一个理想化的市场状态，即市场被视为完全信息的市场。在这个市场中，信息是同质化的，意味着所有参与者都能以相同的条件和方式获取到信息，不存在信息上的差异。进一步地，该假说认为，由于信息的完全对称，任何人都无法通过分析或利用这些公开信息来获得超越市场的额外收益。

相比之下，消极投资交易者则往往因为信息获取成本较高或意愿较弱而处于信息劣势。他们可能无法像积极交易者那样及时、全面地获取和分析信息，因此在交易中更多地依赖于市场的整体走势或其他交易者的行为。这类交易者往往成为市场中的噪声交易者，他们的交易行为可能受到市场情绪、谣言或其他非基本面因素的影响，从而对证券市场的交易产生一定的影响。

有效市场假说虽然提供了一个理想化的市场模型，但在现实生活中，由于信息差异的存在，市场往往难以达到这种完全信息的状态。因此，需要更加深入地理解市场中的信息差异和交易者行为，以更准确地把握市场的运行规律和投资机会。

3.2.1.3 基于个体理性的噪声交易

行为金融学针对市场交易者的理性问题展开了深入且细致的剖析，并将其精准地划分为两大类别。其一为市场理性，这一概念着重突出了市场在资源配置以及价格发现过程中的关键特性。具体而言，市场理性要求在一个理想且高效的市场环境中，资产的内在价值能够毫无偏差、精准无误地透过市场的交易价格全面且如实地展现出来。也就是说，市场价格必须与资产的真实价值时刻维持着绝对的一致性，任何可能导致价格偏离价值的因素都将被视为对市场理性的干扰与破坏。这种一致性不仅是一种理论上的假设，更是衡量市场是否健康、有效运行的核心标准之一。它意味着市场参与者能够充分获取并利用所有与资产价值相关的信息，从而使得市场价格成为资产价值的真实反映，进而确保资源能够在不同的资产和经济部门之间得到最为合理、高效的配置。

其二则是个体理性，这主要聚焦于每一位参与市场交易的个体行为特征。个体理性高度强调交易者在市场活动中始终以追求自身效用最大化作为核心的行为准则和目标导向。在每一次的交易决策过程中，无论是进行资产的买入还是卖出操作，交易者都会基于自身的偏好、风险承受能力、预期收益等多方面因素进行综合考量与权衡。他们会竭尽全力地运用自身所拥有的信息资源、分析工具以及交易策略，力求在市场中寻找到能够最大限度满足自身需求、提升自身效用水平的交易机会。这种个体理性的行为模式不仅反映了交易者在市场中的逐利本质，同时也深刻地影响着市场的微观结构与整体运行态势。因为每一个个体的理性决策在汇聚之后，将会对市场的供求关系、价格形成机制以及资产的流动性等关键方面产生深远的、决定性的影响。

3.2.1.4 为保值交易引发的噪声交易

交易者们为了保值交易往往会采取一系列策略来提前锁定损失的规模，这其中最为常见的两种方法就是设立明确的目标价格以及实施组合投资策略。前者具体操作是，交易者会根据自身的风险承受能力和市场预期，预先设定一个买卖交易的价格阈值，一旦市场价格触及或超越这一阈值，便立即执行交易以控制损失。这种方法的核心在于通过及时止损来规避市场的不确定性。而组合投资策略，则是借助金融衍生工具来实现收益锁定和风险分散。通过构建多元化的投资组合，交易者可以在一定程度上平衡不同资产之间的风险与收益，从而达到保值增值的目的。

值得注意的是，这两种交易策略的实施都与股票价格的变动趋势呈现出正相关关系。也就是说，当股价上涨时，交易者的买入行为会进一步推动股价的攀升；而当股价下跌时，他们的卖出行为则会加剧股价的下滑。然而，这两种策略在制定和执行过程中，往往过于关注价格因素，而忽视了股票背后所蕴含的基础价值信息。这种对价格的过度关注，可能导致交易者忽视了公司的基本面、行业前景以及宏观经济环境等更为重要的因素，从而做出偏离理性的投资决策。一些交易者可能拥有更为全面和准确的信息，能够更快速地做出决策并影响市场价格；而另一些交易者则可能因为信息匮乏或处理信息的能力有限，而难以跟上市场的节奏。这种信息不对称不仅加剧了市场的波动性，还可能引发羊群效应等市场失灵现象。更有学者指出当市场流动性不足时，保值交易可能很容易对市场产生干扰。这是因为，在流动性较差的市场中，交易者的买卖行为更容易引起价格的剧烈波动，从而放大了保值交易对市场的影响。因此，保值交易在特定条件下也可以被视为一种对市场扰动较大的噪声交易。在设计和执行交易策略时，必须充分考虑市场的流动性状况以及交易行为可能产生的市场影响，以确保投资决策的理性和有效性。

3.2.2 噪声交易模型

20世纪90年代，行为金融学领域迎来了一项重要的理论发展，即由DeLong等人首次提出的DSSW模型。这一模型为理解金融市场中的噪声交易行为提供了有力的工具。DSSW模型构建了一个包含两类投资者的市场环境：噪声交易者和套利者。噪声交易者是指那些在金融市场中，其交易决策并非基于资产的基本面信息，而是受到一些非理性因素影响的投资者。这些非理性因素包括但不限于情绪、传闻、市场热点的跟风等。例如，他们可能仅仅因为听到某只股票有内幕消息或者看到该股票短期内价格大幅上涨就盲目跟风买入，而不考虑该公司的财务状况、行业前景等实质性因素。噪声交易者的存在会增加市场的波动性。由于他们的交易行为具有随意性和非理性，会使得资产价格偏离其内在价值。在市场情绪乐观时，他们可能过度买入，推动价格虚高；在情绪悲观时，又会恐慌抛售，导致价格暴跌。这种行为会干扰市场的正常定价机制，给市场带来不稳定因素；套利者是相对理性的投资者。他们试图利用市场中的价格差异来获取无风险利润。套利者会基于对资产基本面的深入分析，寻找被错误定价的资产。他们具有较强的金融知识和分析能力，能够准确评估资产的内在价值。例如，当一种债券在两个不同市场的价格出现差异，套利者会在价格较低的市场买入，同时在价格较高的市场卖出，从而通过价差获利。套利者在理论上能够起到稳定市场价格的作用。他们通过发现和纠正市场中的错误定价，促使价格回归资产的内在价值。然而，在实际市场中，套利者的行为也受到多种限制，这使得他们有时无法完全抵消噪声交易者带来的市场波动。

DSSW模型的基本框架是一个两期迭代模型，它基于两个核心假设构建而成。第一个假设设定在第 1 期，投资者忽略遗产与劳动供应因素，且无消费行为，投资资源均为外生变量，投资者聚焦资产组合以实现效用最大化。市场提供无风险资产 m 和风险资产 n，二者红利收益相同但特性迥异。无风险资产 m 的红利收益 r 是每期固定现金流净现值，稳定性与可预测性强。而在噪声交易模型里，风险资产 n 的价格由套利者有限风险承受力与市场投资者情绪交互确定，即使基本面未变，其价格也会因投资者情绪波动，这既为噪声交易者与套利者创造获利契机，也加剧了市场复杂性与不确定性。

第二个假设涉及两种行为人。若噪声交易者占 a 份额，且第 1 期资产组合以效用最大化为目标。在 t 时段，年轻理性套利者对资产 n 预期价格的错误预估呈正态分布，其独立随机变量为 ρ_t，如式（3.1）所示：

$$\rho_t \sim N(\bar{\rho}, \sigma_\rho^2) \tag{3.1}$$

其中，$\bar{\rho}$ 表示平均资产预期价格错误估价的均值，σ_ρ^2 表示其方差，此时噪声交易者可达预期最大化。式（3.2）为绝对风险回避函数，常用来表征每个投资者老年时期的财富资源，用于体现投资者效用，式中 γ 为绝对风险厌恶系数，ω 为老年时期财富量。

$$U = -e^{-(2\gamma)\omega} \tag{3.2}$$

投资者年轻时确定风险与无风险资产比重，老年时将风险资产 n 售予年轻人，此时财富具消费品属性并被消费。假设风险资产收益呈正态分布，收益最大化时，风险资产需求量与预期收益正相关，与预期收益方差负相关。P_{t+1} 为第 t 期风险资产 n 在 $t+1$ 期的价格，如式（3.3）所示：

$$t\sigma_{P_{t+1}}^2 = E_t\left\{\left[P_{t+1} - E_t(P_{t+1})\right]^2\right\} \tag{3.3}$$

P_{t+1} 表示上一期方差。风险资产 n 的购买量 φ_1^t 和 φ_2^t 预期当前价格、方差及噪声交易者错估价函数相关，具体如式（3.4）与式（3.5）所示：

$$\varphi_1^t = \frac{r + t p_{t+1} - (1+r)p_t}{2r(t\sigma_{P_{t+1}}^2)} \tag{3.4}$$

$$\varphi_2^t = \frac{r + t P_{t+1} - (1+r)P_t}{2r(t\sigma_{P_{t+1}}^2)} + \frac{P_t}{2r(t\sigma_{P_{t+1}}^2)} \tag{3.5}$$

计算均衡价格时，需将出售证券的老年人与有证券需求的年轻人视为整体，在均衡状态下，风险资产 *n* 供求相等，即（1 − *a*）φ_1^t + φ_2^t=1，均衡价格如式（3.6）所示：

$$P_t = \frac{1}{1+r}\left[r + P_{t+1} - 2r(t\sigma_{P_{t+1}}^2) + aP_t \right] \tag{3.6}$$

其最终结果如式（3.7）所示：

$$P_t = 1 + \frac{a(P_t - \bar{P})}{1+r} + \frac{a\bar{P}}{r} - \frac{2r(a^2\sigma_P^2)}{r(1+r)^2} \tag{3.7}$$

在该公式中，第二项深刻揭示了噪声交易者对于后市看涨或看跌的预期如何影响资产价格波动的机制。若上一代噪声交易者群体中，对后市持看涨态度的人数占据优势，他们的交易行为将形成一股合力，推动相关资产的价格上扬；相反，若看跌者占多数，则资产价格将面临下行压力；而当看涨与看跌的人数相似时，这一项的数值便归零，意味着噪声交易者的整体预期对资产价格未产生明显影响。

第三项则进一步探讨了噪声交易者错误估计价格均值对资产实际价值与市场价格偏离程度的影响。当大多数噪声交易者普遍看涨时，他们的乐观预期将促使资产价格超越其实际价值水平，形成一定程度的泡沫；反之，若普遍看跌，则可能导致资产价格被低估。这一现象凸显了噪声交易者情绪对资产定价的作用，以及他们愿意为乐观或悲观预期所承受的风险份额。

第四项构成了模型中的核心要点，揭示了套利者在面对噪声交易者导致的价格风险时如何做出决策。面对 *t*+1 期风险资产价格的不确定性，即便是资深的投资者也倾向于保持观望态度，不愿冒险增持。在这种情况下，噪声交易者的不确定性为自身创造了操作空间，他们的行为在下一时期将引发资产价格的波动，这会导致原本的资产增加许多风险。

在DSSW模型中，投资者情绪是影响资产价格的重要因素。噪声交易者的错误预期和情绪波动会导致他们对风险资产的过度乐观或悲观，从而影响资产价格。套利者虽然试图利用这些错误判断进行交易，但也会受到噪声交易者情绪的影响，因此其套利行为并不总是有效的。

具体来说，当噪声交易者情绪高涨时，他们可能会过度购买风险资产，导致资产价格上升。相反，当噪声交易者情绪低落时，他们可能会过度抛售风险资产，导致资产价格下降。这种由投资者情绪引起的价格波动是DSSW模型的核心内容之一。

自DSSW模型提出以来，许多学者对其进行了扩展和实证研究。这些研究主要关注以下几个方面。

投资者情绪的度量：为了实证研究投资者情绪对资产价格的影响，学者需要找到合适的方法来度量投资者情绪。常用的方法包括主成分分析方法、卡尔曼滤波方法等。这些方法可以从市场数据中提取出投资者情绪的代理指标，从而进行后续的实证研究。

投资者情绪对资产收益和波动的影响：大量研究表明，投资者情绪对资产收益和波动具有显著的影响。例如，一些研究发现投资者情绪高涨时，资产收益会增加，但波动也会相应增大。这种影响可以通过扩展的GARCH-M模型等金融计量模型进行实证研究。

噪声交易与羊群行为：噪声交易者的存在和情绪波动可能导致羊群行为。羊群行为是指投资者在决策过程中过分依赖外界信息和公众舆论，而忽视了对投资标的内在价值的独立理性评判。这种行为会加剧市场的波动性和不稳定性。一些学者通过实证研究发现，投资者情绪对羊群行为具有良好的解释能力。

市场流动性与投资者情绪：市场流动性是衡量资产价格在均衡状态下迅速变现的能力的重要指标。一些研究表明，投资者情绪的变化会影响市场的流动性。例如，在投资者情绪低落时，市场的流动性可能会降低，导致交易变得更加困难。

综上所述，DSSW模型作为探讨投资者情绪对股价影响机理的重要理论工具，在行为金融学领域具有广泛的应用价值。通过扩展和实证研究，可以更深入地理解投资者情绪对资产价格、收益、波动以及市场流动性的影响。未来的研究可以进一步探讨投资者情绪的动态变化特征、不同市场环境下投资者情绪的差异性以及投资者情绪与其他金融变量的相互作用关系等问题，以丰富和完善行为金融学的理论体系和实践应用。

3.3 其他相关金融理论

有效市场假说的一个显著缺陷在于其理性人假设的局限性。该假设认为市场上的所有参与者均具备完全理性，且彼此间具有同质性，即他们对当前信息如何影响当前及未来价格分布持有一致观点。然而，这一假设的前提是确定性环境，而证券市场却充满了不确定性。在这种不确定性较高的环境下，金融资产的价格不仅受市场基本面因素的驱动，还会随着市场交易状况的变动而波动。面对如此众多的不确定因素，市场参与者往往难以形成对信息的理性预期，进而难以做出完全理性的决策。因此，在现实情况中，市场参与者的理性程度是有限的，远未达到完全理性的理想状态。

本小节主要针对与本书相关性较强的有限理性和有限注意理论、信息不对称理论以及情绪传染理论展开论述。

3.3.1 有限理论假设

在传统金融学的初创阶段，理性被视为经济学发展的核心，它假定市场参与者都具备足够的能力和意愿，能够迅速且合理地根据所拥有的资源对决策作出反应。然而，随着金融市场中各种异常现象的不断出现，对理性假说的质疑声也日趋增多。当有价证券的价格被视作市场供求关系平衡的直接反映时，理论上超额收益的存在应当被排除。然而，有价证券价格频繁出现的偏离度现象，使得人们开始怀疑原有的定价模型，并寻求更为全面、多因素的解释范式。这种偏离度现象的背后，往往隐藏着非完全理性交易行为的影响，进而揭示了完全理性假设的局限性。事实上，人的决策在长期内总是受到各种内外因素的制约，呈现出有限理性的特点。因此，对个人有限理性假设的深入探讨成为一个研究热点。例如，易存取性和属性替代等概念，都是基于这一假设发展而来的。随着研究的深入，主观期望效用模型、加权效用理论、隐含期望效用等理论也应运而生，试图在有限理性的框架下更好地解释市场行为。具体来说，由于投资者在信息获取、处理能力以及风险偏好等方面的限制，往往使其无法掌握股票价格的全部信息，从而难以做出理论上的最优决策。在信息不完全或受到特定信息吸引时，传统的贝叶斯法则可能不再适用。投资者在风险偏好和预算的约束下形成期望效用，并寻求其最大化，这一过程充满了各种有限性，包括信息的有限性、推理的有限性、认知的有限性和风险度量的有限性等。此外，心理因素在投资决策中也扮演着重要角色，它们可能影响投资者的判断，进而对整个市场行为产生影响。

有限理性概念是由赫伯特·A.西蒙（Herbert A. Simon）在20世纪中叶提出的。他认为由于人类的认知能力、知识水平、信息获取和处理能力等诸多因素的限制，人们在决策过程中不可能达到完全理性的状态，而是在有限的范围内寻找满意解，而非传统经济学所假设的最优解。

继西蒙之后，许多学者对有限理性理论进行了拓展和改进。丹尼尔·卡尼曼（Daniel Kahneman）和阿莫斯·特沃斯基（Amos Tversky）提出的前景理论深化了对有限理性决策的认识。他们发现人们在面对风险决策时，会受到参照点、损失厌恶等心理因素的影响，行为模式与完全理性下的预期效用理论相悖，揭示出人们决策过程中的系统性偏差。理查德·塞勒（Richard Thaler）的心理账户理论进一步阐述了有限理性。他指出人们会根据自己的心理认知将财富划分到不同账户，每个账户有不同的决策规则，这种划分方式导致人们在经济决策时出现不符合完全理性的行为，如在不同账户间不合理地分配资金。乔治·阿克尔洛夫（George Akerlof）从信息不对称角度丰富了有限理性理论，在柠檬市场理论中体现了买卖双方由于信息有限而无法做出完全理性选择，从而影响市场效率，这也说明人们在经济活动中的行为是在有限理性的框架下展开的。这些后续研究从不同角度更深入地揭示了人类决策的有限理性本质，使该理论在经济学、心理学和行为科学等诸多领域得到广泛应用。

在金融研究领域，学者之所以运用有限注意理论来剖析媒体信息对投资者进而对股票市场的影响，具有多方面深层次的原因。首先，传统金融理论所假定的完全理性投资者在现实中难以成立，有限注意理论则更加贴合投资者在实际信息处理过程中面临的种种限制，能够更为精准地阐释股票市场中纷繁复杂的各类现象。当今信息时代背景下，海量的媒体信息如潮水般涌来，投资者置身其中，不可避免地遭遇信息过载的难题。他们的注意力资源极为有限，无法做到全面、即时且精准地处理所有信息，这就使得他们对信息的关注重点以及反应方式具有显著的选择性，而这种选择性直接作用于其投资决策过程。投资者的注意力无疑是一种珍贵且稀缺的资源，不同类型、来源和内容的媒体信息相互竞争以获取投资者的关注。那些成功吸引到投资者注意力的信息，才更有可能在情绪层面触动投资者，并进一步促使其做出投资决策，最终对股票市场的价格走势、交易量变化以及市场整体的波动性产生实质性的影响。与此同时，这一理论为理解股票市场并非始终处于有效状态提供了有力的依据。由于投资者的有限注意，信息无法在第一时间充分且准确地反映在股价之中，从而容易引发价格偏差、异常波动等现象，为深入探究市场效率以及资产定价机制开辟了全新的视角。

众多学者在这一研究方向上积极探索并取得了丰富的成果。例如，Tetlock 开创性地从《华尔街日报》的市场栏目入手，运用主成分分析精心构建了"媒体悲观主义"这一关键数据指标，并借助向量自回归模型（VAR）深入细致地估计媒体悲观情绪与股市之间错综复杂的关系。其研究成果表明，媒体悲观指数能够有效地预测股票市场价格所面临的下行压力，并且无论是较高水平还是较低水平的媒体悲观情绪，均会显著提升市场的交易量。同时，股票收益与媒体内容之间存在着双向互动的影响关系，两者相互作用、相互影响。

刘洪七等学者则充分利用彭博社、证券价格研究中心（CRSP）等多个权威数据库的丰富信息，分别对宏观经济状况与股市波动进行精准衡量，同时借助 Google Trends 和 Bloomberg 的数据来准确评估投资者对新闻的关注度。通过严谨的分析发现，在面对宏观新闻与企业新闻同时出现的情况时，散户投资者由于其注意力更为有限，往往会出现宏观新闻对企业新闻产生挤出效应的现象，即宏观新闻吸引了散户投资者的大部分注意力，从而降低了他们对企业新闻的关注程度，进而对其投资决策产生深刻影响，并最终反映在股票价格的波动上。与之相对应的是，机构投资者在这种情况下会采取补偿性的策略，增加对企业新闻的关注，以更好地进行投资决策。

曾宪聚等学者在深入拓展 Tetlock 模型的基础上，精心构建了一个两资产三阶段的理性期望模型。通过这一模型的深入研究发现，被媒体报道的股票价格在很大程度上受到注意力效应的显著影响，存在着正向的注意力溢价现象。也就是说，由于投资者的有限注意力集中在被报道股票上，使得该股票价格会出现一定程度的高估。并且，注意力交易者对被报道股票的交易量在媒体报道之后会呈现出放大的趋势，同时还存在着明显的买卖不平衡性，这种不平衡性进一步加剧了股票价格的波动。此外，作为对投资者有限理性的一种补偿机制，研究还发现，股票所受到的媒体报道对投资者注意力的影响程度越高，其后续的收益反而越低，这也从侧面反映了市场在有限注意作用下的一种自我调节与平衡机制。

吴诗佳等学者对 80 余篇极具代表性的研究论文展开了全面深入的分析与综述。他们详细阐述了股票价格为何会受到投资者注意力的制约以及这种制约所呈现出的多种表现形式。研究发现，企业在经营过程中往往会巧妙地利用投资者的有限注意力。例如，企业通常会选择在投资者关注度相对较低的时期发布对自身不利的坏消息，以尽量减少对股价的负面影响；而在有好消息时，则会通过各种手段积极吸引投资者的注意力，从而推动股价的上涨。此外，还发现由于投资者的有限注意力，股价在财报公布之后会呈现出一种"漂移"的趋势，即股价不会立即对财报信息做出完全的反应，而是会在一段时间内逐渐调整。并且当市场中存在较多"分心"的投资者时，股价对盈利新闻的即时反应会被明显削弱或放缓，这进一步凸显了有限注意理论在解释股票市场微观结构与动态变化过程中的重要性。

这些学者从不同的研究角度、采用不同的研究方法以及基于不同的研究数据，全面深入地探究了有限注意理论在媒体信息与股票市场关联中所蕴含的作用机制、影响效应以及内在规律，为金融领域的学术研究以及股票市场的实践操作提供了极为宝贵的理论依据与实践指导。

3.3.2　信息不对称理论

上文提出有效市场理论存在某些局限性，主要表现在，完全信息假设构建在一个理想化的基础上，即认为市场上的商品具有完全的同质性，买卖双方能够不受限制地自由进出市场，且所有市场参与者均拥有全面而完善的信息。更进一步地，它假定市场运作无须承担任何信息成本，意味着所有市场内的参与者都能毫不费力地获取所有可获取的信息，从而确保所有相关信息均已充分披露于市场中。然而，现实世界的运作远非如此理想化。

实际上，信息的获取总是伴随着一定的成本，并且难以确保所有信息都能被公之于众。以股票市场作为实例，机构投资者相较于个人投资者，不仅拥有更为广泛的信息渠道，还掌握着更为雄厚的资金实力。这无疑使得机构投资者在信息的获取与利用上相较于个人投资者占据了显著的优势地位。信息不对称现象与投资者注意力有限情况密切相关。在金融市场中，信息繁杂且海量，投资者注意力资源相对匮乏，难以全面处理所有信息，从而引发信息过载与注意力分配难题。不同信息传播渠道在吸引投资者注意力方面存在显著差异，大型金融机构凭借专业渠道能获取更及时深入的信息，而普通投资者依赖大众媒体等渠道，往往难以接触到深层次资讯，造成信息不对称。同时，因注意力有限，投资者在信息筛选时易受醒目程度、个人偏好等因素影响产生偏差，对某些信息过度关注而忽视其他信息，如对特定行业感兴趣的投资者会聚焦该行业信息而忽略其他行业重要动态。此外，注意力分散还致使投资者在解读信息时出现差异，面对复杂信息源或内容无法深入分析，如解读公司财报时部分投资者仅关注表面数据而忽略关键细节，而其他投资者则能准确把握真实状况，这种信息解读的不同也进一步加剧了信息不对称现象。

信息不对称这一概念最早由乔治·阿克尔洛夫（George Akerlof）在研究二手车市场时提出。在二手车市场中，卖者通常比买者更了解车辆的真实状况，这种信息的差异导致了市场的低效率和特殊的交易现象。信息不对称对商品定价机制有着深刻影响。由于买卖双方掌握的信息不同，在缺乏有效信号传递和甄别机制时，可能导致逆向选择。例如在保险市场，高风险人群更积极购买保险，保险公司因难以准确区分投保人风险类型，只能提高整体保费，使得低风险人群退出市场，进一步扭曲了保险产品的定价。在经济活动中，信息不对称扮演着多面角色。一方面，它催生了信息中介机构，如信用评级公司、市场调研机构等，旨在减少信息差异，促进市场交易。另一方面，企业可利用信息优势进行价格歧视，针对不同信息获取能力和需求弹性的消费者制定不同价格，以获取更多利润。同时，信息不对称也会带来市场失灵，降低资源配置效率，需要通过法律法规、市场机制设计等手段来缓解其负面影响，以维护市场的公平与效率，促进经济健康稳定运行。

在股票市场中，参与者数量庞大且性质各异，他们各自拥有不同的信息获取渠道、方式及能力，这种差异性构成了信息不对称的基础。具体而言，机构投资者由于资源雄厚和专业性强，往往能够获取到更多权威且深入的信息，而个人投资者则可能受限于资源和专业知识，难以达到相同的信息获取水平。此外，分析师作为市场中的另一类重要角色，他们所掌握的信息又呈现出另一种独特的视角和深度。在这种信息不对称的背景下，投资者在投资决策上的选择自然会产生显著的分化。那些掌握更多信息的投资者，能够基于更全面的市场分析和判断，制定出更为精准和有效的投资策略。相反，信息掌握较少的投资者则可能因缺乏足够的信息支持而做出相对盲目的决策。

信息不对称不仅影响投资者的决策过程，还可能引发道德风险和逆向选择问题。道德风险指的是信息优势方可能利用自身信息优势进行欺诈或隐瞒行为，从而损害信息劣势方的利益。而逆向选择则是指由于信息不对称，市场上可能出现劣质产品驱逐优质产品的现象，导致市场资源配置的扭曲。这些问题对定价产生了极为显著的影响。由于投资者难以全面准确地掌握上市公司的真实运营状况、潜在风险等信息，信息优势方如公司内部管理层若进行信息操纵或隐瞒不利信息，会使股票价格偏离其内在价值。投资者依据不准确的信息进行决策，导致股价不能真实反映公司的基本面，影响市场的有效性和资源配置效率。而在这一复杂的市场环境中，媒体信息扮演着极为关键的角色。媒体作为信息传播的重要渠道，一方面，能够通过报道公司的财务状况、经营战略、行业动态等新闻，在一定程度上缓解信息不对称，使投资者获取更多的信息来辅助决策，促进股票价格向合理区间趋近。另一方面，如果媒体自身存在报道偏差、虚假信息传播或者被利益集团操控，也可能会误导投资者，加剧信息不对称，进一步扰乱股票市场的定价机制，引发不必要的股价波动，对市场的稳定和健康发展造成负面影响。因此，媒体信息在平衡信息不对称、促进市场公平交易和提高市场效率方面发挥着不可替代的作用。

3.3.3　情绪传染理论

社会情绪作为人们日常生活中频繁互动的产物，其传播与交互无疑成为情绪传染的核心途径之一。在社会学这一广阔领域中，情绪传染被界定为"社会群体中，个体情绪状态受到周围其他个体情绪波动的显著影响"。然而，情绪这一心理现象本身就蕴含着高度的复杂性与多样性。传统上，对情绪的探索主要聚焦于社会学与心理学的范畴，但随着行为金融学的蓬勃兴起，金融学领域也开始对情绪这一变量展现出浓厚的兴趣与关注。

在社会学与心理学领域，从理论基础来看，早期学者如麦克杜格尔曾指出，情绪传染是通过原始性交感神经反应直接诱导情感的过程，而舍内沃尔夫则提出情绪传染是个体或群体通过情绪状态和行为态度的诱导对另一个体或群体产生影响的过程。美国心理学家伊莱恩·哈特菲尔德及其同事对情绪传染进行了系统性研究，将其定义为一种自动地模仿和同步于他人的表情、声音、姿势和动作的倾向性，其结果往往使交往双方的情绪产生聚合并统，也被称为原始性情绪传染。在个体内水平的研究方面，哈特菲尔德等提出了"模仿—反馈"机制，认为情绪传染始于对情绪信息的觉察并伴随着模仿，个体对他人面部表情、声音、姿势和动作的模仿会带来相应的反馈与刺激，进而时刻影响个体的情感体验，大量研究也证实了这一机制的存在，并且"镜像神经系统"的发现为人类的模仿行为及情绪传染效应提供了生物学基础。个体间水平的研究揭示了情绪传染效应的个体差异，如由于性别社会化的影响，女性比男性更善于表达个人情感，也更容易受到情绪传染；高同情心的个体表现和识别面部表情都更快，对他人的情绪表达更敏感，依存型自我的个体比独立型自我的个体更易受情绪影响；从职业差异来看，医生比船员更易受到情绪传染。

人际互动水平的研究主要涉及员工-顾客关系、领导-员工关系等方面。研究发现员工到顾客的情绪传染过程是存在的，积极情绪的传染不仅能提高顾客的满意度，增加其愉快的购物体验和回头率，还能增加其对产品的支持性态度，而顾客的情绪也会影响员工的情绪。在领导-员工关系中，领导的情绪表现会影响到员工的情绪、态度、行为和绩效，积极情绪的传递还会影响员工对领导的魅力和变革性的感知，并且意识性情绪传染充当了领导-员工之间情绪传染效应的重要机制。在群体和团队水平的研究上，团队情绪的形成依赖于团队成员能够对共享事件做出类似的反应且感受类似，以及团队成员可以影响彼此的情绪。研究者还探讨了群体性情绪传染机制，发现情绪传染不仅在个体之间发生，在群体之中也会出现，人数越多，发生的反应会越复杂、越多样化。

实验心理学方面，美国洛杉矶大学教授加利·斯梅尔的"情绪传染实验"表明，人的不良情绪会在不知不觉中传染给别人，最长不超过20分钟。此外，通过在Facebook上进行的大规模实验发现，情绪状态可以通过情绪感染而传递，人们会无意识中体验到同样的情绪，且这种传染不需要通过人与人之间的直接互动就能发生。在生理心理学方面，当人际间发生情绪体验的传递时，镜像神经系统得以激活，大脑活动会发生变化，神经递质也会相应分泌，如当模仿他人的积极表情和动作时，大脑会促使身体分泌一些积极的化学物质如多巴胺等，让人感受到愉悦等积极情绪，反之则可能引发负面情绪。在社会影响方面，研究发现情绪传染在人际关系中扮演着重要角色，积极的情绪传染能够迅速拉近人与人之间的距离，建立良好的人际关系，而负面情绪的传染则可能导致关系的紧张和疏远，并且情绪传染还会对个体的行为产生影响，可能导致人们模仿周围人的行为，包括好的行为和坏的行为。在实际应用方面，相关研究成果可用于理解和预防市场泡沫，如多伦多大学韩冰教授通过对比特币市场的研究发现，投资者的交易情绪会受到其他投资者的情绪传染，这种情绪传染主要影响那些不太成熟的、社交联系较少的、信息量较少的投资者，研究还构建了一种新的方法来衡量社交学习导致的情绪传染强度，它能显著预测比特币的波动性、交易量和崩盘。

虽然投资者情绪与广义上的情绪在概念上存在一定的差异，但它们在传染机制上却呈现出诸多相似之处。随着信息技术的飞速发展，尤其是互联网技术的广泛应用，市场上的投资者之间的信息交流日益频繁，沟通方式也越发多样化。这种变化使得市场情感的传递不再受时间和空间的严格限制，而是呈现出一种更为灵活和广泛的传播态势。随着普通投资者群体的不断壮大，他们之间的接触频率也随之提升，这一趋势直接导致了受情绪波及的投资者数量显著增加。当市场中受情绪影响的投资者占据一定比例时，这些情绪化的信息便会通过多种渠道反馈给金融市场，这些外部因素会进而影响投资者的思考。具体来说，它们可能会加速或减缓投资者恢复理智的过程。这一系列连锁反应的结果是，情绪稳定的投资者数量会经历动态的变化。当情绪稳定的投资者数量增多时，原先一部分情绪稳定的投资者可能会因为市场环境的变化或自身心理状态的波动而失去原有的免疫力，转而成为新增的普通投资者。这一转变无疑会进一步增加普通投资者的数量，也即易感人群的规模。

随着敏感人群的不断扩大，他们之间的接触率再次上升，从而加剧了受情绪影响的投资者数量的增加。这种正反馈机制不仅会影响媒体对市场情绪的报道方式、政府制定相关政策的考量，还会对整个市场的运行逻辑产生深刻影响。换句话说，媒体、政府和市场的行为在一定程度上成为投资者情绪传染速率的调节器。然而，这种影响并非单向的。例如，媒体可能会更加关注市场情绪的变化，加大相关报道的力度；政府可能会出台更加严格的监管措施来稳定市场情绪；市场则可能会通过价格波动来反映这种情绪化的变化。

综上所述，投资者情绪确实具有传染性，而媒体、政府和市场在这个过程中既扮演着影响传染速率的角色，又受到受情绪影响投资者数量增加的反向影响。这种复杂的互动关系构成了市场情绪波动的重要机制。

3.4　投资者情绪与羊群效应理论机制分析

3.4.1　羊群效应的机制分析

羊群效应也称为"从众效应"或"羊群行为"，是一个描述个体行为受到群体影响的现象的术语。具体来说，它指的是在特定情境下，个体的观念、选择或行为受到群体中的大多数人影响，从而趋向于与群体保持一致的现象。这种一致性可能是出于真实的或想象的群体压力，也可能是由于个体对群体决策的信任或模仿。羊群效应对市场的影响是复杂的。它可能导致市场的过度波动，也可能影响市场的运行效率。当投资者普遍模仿他人的投资决策时，市场可能会出现过度买入或过度卖出的现象，从而加剧市场的波动。当个体放弃自己的独立思考而盲目跟随群体时，市场中的信息可能无法得到充分利用，从而影响市场的有效运作。

羊群效应的产生主要受到信息不对称、社会压力等因素的影响，当个体缺乏完整和准确的信息时，他们更容易受到群体决策的影响，因为群体决策往往被视为一种"安全"的选择。在群体中，个体可能会感受到来自其他成员的压力，担心自己的不同意见或行为会被边缘化或孤立，因此更倾向于与群体保持一致。此外，心理惯性和认知偏差也可能影响个体的决策，使他们更容易受到群体决策的影响。前人的研究大多从理论层面对羊群行为进行研究分析，为后续羊群效应的实证分析奠定了坚实的理论基础。

羊群效应是指个体在受到群体的影响、引导或施加的压力时，会怀疑并改变自己的观点、判断和行为，朝着与群体大多数人一致的方向变化的现象。这个概念在管理学、经济学、心理学等多个领域被广泛讨论和研究。从社会心理学的角度来看，人们往往倾向于模仿他人的行为或意见，尤其是在不确定或风险较高的情况下。这种模仿行为可能源于对信息的不确定性和对他人决策的信任，导致个体在群体压力下做出与大多数人一致的决策。羊群效应的产生还受到信息不对称、社会压力、心理惯性和认知偏差等多种因素的影响，这就是所谓的"跟风"行为。从经济学角度来看，羊群效应最早是在股市投资中提出的，它描述了投资者在交易过程中存在的学习与模仿现象，即投资者更倾向于模仿他人的投资决策。

羊群效应的理论基础主要基于从众心理和社会认同理论。从众心理认为，个体倾向于认为大多数人的决策是正确的，因此他们倾向于模仿他人的行为以符合群体的期望。这种模仿行为可能是出于对群体决策的信任，也可能是为了避免被群体孤立或排斥。社会认同理论则强调了个体在群体中的归属感和认同感对决策的影响。个体往往希望在群体中获得认同和接纳，因此他们可能会放弃自己的独立思考，而选择与群体保持一致。此外，信息瀑布和自我强化机制也加剧了羊群效应的影响。一旦某个观点或行为在群体中占据主导地位，就会形成信息瀑布，使得更多人加入其中。同时，个体在模仿他人决策后，如果获得成功或认可，就会进一步强化这种模仿行为。

在现有的理论研究中，学者已经对羊群行为做了很多的实证研究。当前，国内外学者对羊群行为的研究中最具代表性的模型有 LSV 模型和 CCK 模型。LSV 模型是 Lakonishok 等经济学家在 1992 年提出的衡量羊群效应的模型。它使用股票竞价数据，将羊群效应定义为市场上的投资者在同一时段买入或者卖出特定个股的总体偏向。通过交易多空双方数量的失衡程度来测度羊群效应，实际衡量的是参与特定个股交易的机构投资者群体决策的相关度，以及机构投资者买入或者卖出特定个股的趋势。后来的 Frey、Musciotto 等学者也使用 LSV 模型进行分析研究。

Christie 和 Huang 在 1995 年提出，通过检验市场价格大幅波动时的横截面收益标准差（CSSD）与平均水平下的横截面收益标准差的相对大小，可以检验羊群行为的存在与否，并构建相应的CH模型进行检验。在羊群效应发生时，投资者行为趋于一致，导致个股收益率与市场整体收益率的偏差减小，横截面收益标准差降低。2000年Chang等提出用横截面绝对偏离度（CSAD）替换横截面收益标准差，构建出新的模型——CCK模型[42]。CCK模型认为，横截面绝对偏离度和市场收益率之间存在非线性关系。具体来说，当羊群行为不太剧烈时，横截面绝对偏离度随市场收益率非线性增加；而当羊群行为非常剧烈时，横截面绝对偏离度则随市场收益率的增加而降低。

本书主要基于分散度对羊群效应进行研究，CH模型通过CSSD对羊群效应进行测度，CSSD的计算公式如下：

$$CSSD_t = \sqrt{\frac{\sum_{i=1}^{N}(R_{i,t} - R_{m,t})^2}{N-1}} \tag{3.8}$$

假设市场组合中存在N只股票，$R_{i,t}$为股票i在时间t的收益率，$R_{m,t}$是N只股票的平均收益率（即市场收益率）。

CSSD是衡量个股收益率对于资产组合平均收益率的标准差。在市场大幅波动期间，如果存在羊群行为，个股收益率将紧密分布于市场收益率周围，导致CSSD值趋近于零。CH模型如下：

$$CSSD_t = \alpha + \beta_1 D_t^L + \beta_2 D_t^U + \varepsilon_t \tag{3.9}$$

其中的D_t^L和D_t^U是虚拟变量，当市场收益位于上（下）1%或5%分布时，虚拟变量取值为1。该模型重点检测极端市场情况下的羊群效应。

CCK模型用收益的CSAD替换CSSD进行羊群效应测度，CSAD的计算方法如下：

$$CSAD_t = \frac{1}{N} \sum_{i=1}^{N} |R_{i,t} - R_{m,t}| \tag{3.10}$$

Chang等发现，不存在羊群行为的情况下，利用合理的资产定价模型，得出股票收益率偏离度与股市收益率呈线性关系，并且这种偏离程度随股市收益率的升高而变大。当股价剧烈变动时，市场主体往往会以一致意见为中心做出决定，这时，偏离与市场回报的线性关系就会发生变化，并呈现出非线性的变化。基于上述假设，引入CCK模型，该模型通过构建一个关于市场整体收益率CSAD和市场收益率的二次回归方程来检验投资者行为的一致性，并以此作为股价变化趋同的衡量指标。构建方程如下：

$$CSAD_t = \alpha + \gamma_1 |R_{m,t}| + \gamma_2 R_{m,t}^2 + \varepsilon_t \tag{3.11}$$

如果二次项系数显著为负，则说明市场中存在羊群效应；反之，则说明市场行为相对理性。

由上述分析可以得出，CH 模型一般用来测度极端市场情形下的羊群现象，导致其可能对羊群效应的测度不够准确。另外，CSSD对市场中的极端值或异常值较为敏感。在存在极端波动的情况下，CSSD可能会给出较高的值，影响对羊群效应的判断，且CSSD是一个静态指标，只能反映某一时刻的市场状态。而羊群效应是一个动态过程，可能随着市场条件的变化而发生变化。本书选用更准确、更灵活的CCK模型对上证50指数成分股的羊群效应进行测度。

3.4.2 投资者情绪指标的机制分析

随着行为金融学的兴起，对投资者情绪的研究也日益受到学术界的重视。投资者的情绪观念源自基恩斯提出的"动物精神"，他相信投资者的"动物精神"会对金融市场的价格产生巨大的影响。随后，金融市场上一系列的金融异常现象也进一步印证了投资者情绪的存在。投资者情绪理论最早由Lee、Shleifer和Thaler提出，强调投资者对未来收益的预期存在系统性偏差，即投资者情绪。它反映了市场参与者的投资意愿或预期，对投资者未来的投资行为和市场走势具有重要影响。投资者情绪的高低和变化受到多种因素的影响，包括持仓、风格、财富、地位等个人因素，以及市场环境、政策导向等外部因素。

投资者情绪对未来市场波动的影响逻辑主要体现在对正面消息和负面消息的逐级正反馈放大。在投资者情绪上升的周期中，利好信息往往被强化，利空信息被弱化，投资者对后市看法越来越乐观，推动股价上扬。反之，在投资者情绪下降的周期中，利空消息被强化，利好消息被弱化，导致市场下跌。早期美国芝加哥期权交易所提出用恐慌指数（VIX）作为投资者情绪测度指标，VIX指数是基于S&P 500指数期权的实时波动性计算得出的衡量市场恐慌程度的指标。当VIX指数上升时，表示投资者对未来市场的不确定性增加，市场情绪较为悲观；反之，当VIX指数下降时，表示市场情绪较为乐观。德国曼海姆欧洲经济研究中心还将经济景气指数作为投资者情绪测度指标，其通过调查市场参与者的看涨和看跌情绪，从而判断市场的走势。近年来，随着社交媒体的发展而兴起，投资者也开始关注社交媒体上关于市场的讨论与舆情。通过分析社交媒体平台上的情绪指标，如百度指数、社交媒体情绪指标等，可以了解市场参与者的情绪波动。涨跌比率作为市场情绪的基本分析工具，已广泛应用于金融市场中。当涨跌比率大于1时，代表市场情绪积极；反之，当涨跌比率小于1时，代表市场情绪悲观。

Keynes提出的"动物精神"理论，作为投资者情绪研究的基石，其概念深刻地影响了投资者对市场行为复杂性的理解，且其存在性在金融市场的异常现象中得到了实证支持。在投资者情绪指标研究的早期阶段，直接指标，如友好指数、好淡指数等在国内外被大多学者采用。然而，随着技术的不断进步和数据的日益丰富，基于社交媒体的情感分析指标正逐渐展现出其独特的优势和潜力。当前，投资者情绪指标的构建策略已多元化发展，主要可划分为以下三个维度。

主观情绪测度：这一类别聚焦于直接调查投资者的主观预期，通过精心设计的问卷调研来捕捉他们对市场未来走势的乐观、悲观或中立态度。这些直接指标，经过细致的分类（如看涨、看跌、看平）与量化处理，能够直观反映投资者群体的情绪倾向，是市场情绪的直接映射。

客观市场数据代理：与主观测度不同，客观情绪指标利用金融市场中自然产生的数据作为情绪的间接代理变量。这些变量，如封闭式基金的折价率、IPO发行时的折价现象等，被证明能够间接反映投资者的情绪状态。Brown和Cliff等学者进一步将这些代理变量细化为市场表现、市场交易、衍生品活动等多个维度，以更全面地刻画市场情绪。

社交媒体情感分析：随着互联网技术的飞速发展，特别是社交媒体平台的兴起，研究者们开始探索从海量网络文本中提取投资者情绪的新途径。通过运用文本挖掘、机器学习及网络爬虫等先进技术，学者们能够实时、高效地捕捉社交媒体上投资者的情绪表达，并据此构建出基于大数据的情绪指标。这一创新方法不仅丰富了情绪数据的来源，还提高了情绪指标对市场动态变化的敏感度和准确性。

问卷调查作为构建投资者情绪的传统手段，其样本规模受限且时效性不足，难以全面捕捉金融市场瞬息万变中投资者情绪的即时波动。闫伟与杨春鹏等学者指出，调查时投资者表达的态度与其实际投资决策时的心理状态可能存在偏差，这种偏差限制了直接情绪指标的有效性和准确性。随着金融数据可得性的显著增强，研究者们越发倾向于利用金融市场内部的客观数据来更精准地刻画投资者情绪。早期学者使用单一指标作为情绪的代理变量间接代表投资者情绪，后续国外学者将单一指标利用主成分分析的方法进行整合，生成新的综合性指标。例如，Baker和Wurgler采用主成分分析方法，将多个单一间接情绪指标融合成一个综合性的复合情绪指数。这一方法不仅解决了单一指标可能存在的片面性问题，还增强了情绪指标对市场整体情绪的捕捉能力。

随着互联网技术的迅猛进步，学术界积极开辟新途径，旨在从浩瀚的网络文本数据中精准捕捉投资者的情绪。这一方法的核心在于"情感分类"，即运用先进的文本分析技术，将网络大数据中蕴含的丰富情感信息细分为"正面情绪""负面情绪"及"中性情绪"三大类别。完成情感信息的提取后，研究进一步构建能够量化投资者情绪的指标体系。通常的做法是基于上述分类结果，设计并构建出反映市场情绪乐观程度的"看涨指数"以及衡量市场上投资者情绪的"投资者情绪指标"。其中以Antweiler和Frank提出的文本情绪指标模型为代表，后续研究大多依据其进行修改。

Antweiler和Frank首次将发布在雅虎财经上的150万条消息进行了文本分析，文本内容依据其传达的"乐观预期"（看涨）、"悲观预期"（看跌）及"中立态度"进行了细致分类，并据此构建了一个能够反映市场投资者情绪的综合性指标如模型（3.12）所示。后续投资者情绪指标的计算方式多种多样，国内学者段江娇将上述模型进行了修改，选取东方财富网股吧论坛中关于上证A股的帖子，只通过看涨帖子数和看跌帖子数计算出投资者情绪指数，计算方法如模型（3.13）所示。上述创新性的计算方法不仅为投资者情绪的量化分析提供了有力工具，也为后续研究提供了新的思路与方向。

$$sent_1 = \frac{(pos-neg)}{M} \tag{3.12}$$

$$sent_2 = \frac{(pos-neg)}{(pos+neg)} \tag{3.13}$$

其中，pos代表正面帖子数，neg代表负面帖子数，M代表帖子总数。

由上述内容可得，越来越多学者采取主成分分析和社交情感媒体分析的方法构建投资者情绪指标。随着互联网和社交媒体的普及，投资者在社交媒体上表达的观点和情感成为反映市场情绪的重要窗口。通过对这些海量、实时的数据进行情感分析，可以捕捉到投资者情绪的变化趋势和波动特征，为市场情绪监测和预测提供有力的支持。本书基于这一背景，选择使用社交情感媒体分析的方法测度上证50指数成分股市场中的投资者情绪指标。

3.4.3 投资者情绪对羊群效应产生影响的机制分析

投资者情绪理论以投资者的有限理性假设为基础，若投资者不理性，基于投资者情绪理论会产生诸多严重后果。首先，资产价格会出现异常波动，在过度乐观时，投资者高估资产收益而大量购入，致使价格远超基本面价值，如互联网行业繁荣期股票被疯抢致价格虚高；过度悲观时则低估收益并抛售，使价格暴跌，金融危机期间金融资产遭恐慌抛售便是例证，这破坏了价格稳定机制。其次，易催生市场泡沫与崩盘，繁荣时乐观情绪相互传染引发群体非理性，推动资产价格形成泡沫，如互联网泡沫时期，投资者盲目追捧互联网股票致其脱离基本面，泡沫破裂时则引发崩盘，使投资者受损并冲击金融体系与实体经济。再次，会造成投资决策失误，投资者因忽视真实风险、受他人影响而盲目跟风，不考量自身风险承受与资产基本面，市场变化时又因惊慌而错卖，难以实现资产合理配置与增值。最后，还会使市场效率受损，投资者情绪扭曲资产价格，使其无法如实反映内在价值与基本面信息，导致信息传递不畅，有价值机会被忽视，资金错配，阻碍经济健康发展。

国外学者认为投资者情绪会在以下几个方面影响股市羊群效应：首先，投资者情绪的高低会在一定程度上影响投资者对信息的解读和判断，进而影响羊群效应的产生。当市场情绪乐观时，投资者可能更加倾向于解读信息为正面，从而更容易产生羊群效应，即模仿其他投资者的乐观行为。其次，投资者情绪通过影响投资者的风险偏好，进而影响羊群效应。在乐观情绪下，投资者可能认为跟随大众的行为是安全的，可以减少自己的风险，这会使其更加愿意承担风险，追求更高的收益，从而更容易产生羊群效应。相反，在悲观情绪下，投资者可能更加谨慎，会减少市场上羊群效应的发生。最后，投资者情绪还会影响市场的流动性，进而影响羊群效应。当市场情绪乐观时，投资者可能更加积极地进行交易，市场流动性增加。在流动性较好的市场中，投资者可以更容易观察到其他投资者的行为，并模仿其交易行为，从而产生羊群行为。在投资者情绪理论中，其心理偏差理论指出，投资者在做出投资决策时常常受到情绪和认知偏差的影响。这些偏差包括过度自信、恐惧、贪婪、确认偏误等。这些心理偏差会导致投资者在评估信息和制定决策时偏离理性，进而引发羊群效应。

3.5　本章小结

本章深入探讨了传统金融理论的局限性和行为金融学的兴起与发展，重点分析了羊群效应和投资者情绪的机制。传统金融理论以理性人假设和有效市场假说为核心，但这些理论在面对现实金融市场的复杂性和多样性时暴露出明显的局限性。理性人假设忽略了信息不完全、决策时间有限和个人认知能力的限制，导致个体难以做出完全理性的决策。有效市场假说则未能充分考虑市场参与者有限理性和非理性行为的影响，这些行为可能导致市场价格偏离其真实价值。

行为金融学通过引入有限理性、有限注意和信息不对称等概念，对传统金融理论进行了补充和修正。有限理性假说指出，市场参与者在决策时受到时间和信息处理能力的限制，无法达到完全理性的状态。信息不对称理论强调，市场参与者在信息获取上存在差异，导致信息优势方在交易中占据有利位置。这些理论为理解市场行为的复杂性和波动性提供了新的视角。

羊群效应和投资者情绪是行为金融学研究的重要内容。羊群效应的产生主要受到信息不对称、社会压力、心理惯性和认知偏差等因素的影响。投资者情绪通过影响信息解读和判断、风险偏好以及市场流动性，进一步加剧了羊群效应的产生。此外，心理偏差理论指出，投资者在做出投资决策时常常受到情绪和认知偏差的影响，这些偏差导致投资者偏离理性，从而引发羊群行为。

综上所述，本章通过批判传统金融理论和引入行为金融学的概念，展示了金融市场中投资者行为的复杂性和多样性。为后续研究进一步探讨投资者情绪的动态变化特征、不同市场环境下投资者情绪的差异性以及投资者情绪与其他金融变量的相互作用关系奠定了基础，以丰富和完善行为金融学的理论体系和实践应用。

4 投资者情绪对股市羊群效应影响的静态分析

4.1 模型构建

本章的研究工作被细致地划分为以下三个阶段，旨在深入探索股票市场中的羊群效应及其与投资者情绪之间的复杂关系。

第一阶段：构建羊群效应指标与存在性及差异性检验。

在这一阶段，研究的核心任务是构建科学有效的羊群效应指标。这涉及对股票市场交易数据的细致分析，以及采用合适的统计方法和模型来量化羊群效应。完成指标构建后，研究将着手进行羊群效应的存在性检验，旨在验证在股票市场中羊群效应是否真实存在。此外，还会进行不同市场环境下的差异性检验，以探讨羊群效应在不同市场（如牛市与熊市、发达国家市场与新兴市场等）中的表现是否有所不同。这一阶段的成果将为后续研究提供坚实的支撑，揭示羊群效应在不同市场条件下的普遍性和差异性。

第二阶段：构建市场投资者情绪指标并研究其对羊群效应的影响。

在确认羊群效应的存在及其在不同市场中的差异性后，研究进入第二阶段。这一阶段的主要工作是构建市场投资者情绪指标。这包括收集和分析反映投资者心理预期、市场热度、风险偏好等多方面的数据，以及运用合适的计算方法来合成一个综合的投资者情绪指数。随后，将这一投资者情绪指标纳入羊群效应模型中，进一步探讨在不同市场环境下，投资者情绪如何影响羊群效应的形成和强度。这一步骤旨在揭示投资者情绪在羊群行为中的作用机制，为理解市场动态提供新的视角。

第三阶段：对加入投资者情绪后的羊群效应模型进行稳健性检验。

为了确保研究结果的可靠性和有效性，第三阶段将对加入投资者情绪后的羊群效应模型进行了全面的稳健性检验。这包括使用不同的样本数据、替换新的核心解释变量等方法来验证模型的稳定性和一致性。稳健性检验的目的是确保所得到的结论不仅适用于特定的数据集或模型设定，而且能够在更广泛的市场条件下保持有效。通过这一阶段的检验，研究将能够更加确信地揭示投资者情绪对羊群效应的影响，为金融市场监管、投资策略制定等提供有力的理论支持和实践指导。

4.1.1 羊群效应指标及模型构建

4.1.1.1 羊群效应指标构建

根据上文对羊群效应的理论概述，本章选取了CCK模型作为实证研究的基础，旨在深入探究上证50指数成分股中存在的羊群效应。CCK模型，即Cross-sectional Absolute Deviation（CSAD）模型，是一种广泛应用于金融市场羊群效应研究的有效工具。该模型巧妙地利用股票收益的横截面绝对偏差（CSAD）来精确测度证券市场的羊群效应程度，为理解市场行为提供了新的视角。

CSAD首先计算每个交易日内所有样本股票收益率的绝对偏差，即各股票收益率与当日所有股票平均收益率之差的绝对值。这一步骤捕捉了股票收益率相对于市场整体表现的离散程度，是衡量市场个体行为与整体趋势偏离程度的重要指标。随后，这些绝对偏差被加总并平均，得到每日的CSAD值。这一值反映了市场整体的同步性程度，若市场存在显著的羊群效应，则个股收益率会趋于一致，导致CSAD值相对较小；反之，若市场个体行为较为独立，CSAD值则会相对较大。具体计算公式如下：

$$CSAD_t = \frac{1}{N} \sum_{i=1}^{N} |R_{i,t} - R_{m,t}| \tag{4.1}$$

其中，$R_{i,t}$为股票i在时间t的收益率，$R_{m,t}$是N只股票的平均收益率，N为包含的股票个数。

在本书的实证研究中，CSAD的值将被用作被解释变量，结合CCK模型的理论框架，通过对上证50指数成分股历史交易数据的深入分析，来检验和量化羊群效应的存在及其强度。这一研究不仅有助于揭示上证50指数成分股市场的微观结构特征，还能为投资者提供有益的决策参考，同时对于市场监管者而言，也是评估市场稳定性、制定相应政策的重要依据。

4.1.1.2 羊群效应回归模型构建

CCK模型通过构建一个关于市场整体收益率CSAD和市场收益率之间的二次回归方程，来深入检验投资者行为的一致性程度。这一检验过程不仅揭示了投资者在投资决策过程中是否存在相互模仿或跟随的羊群行为倾向，而且为量化这种行为提供了一个具体的衡量指标。具体来说，该模型度量羊群行为的方程如下：

$$CSAD_t = \alpha + \gamma_1 |R_{m,t}| + \gamma_2 R_{m,t}^2 + \varepsilon_t \tag{4.2}$$

当γ_2显著为负时，证明市场上存在明显的羊群行为。在资本资产定价模型

（CAPM）的框架下，常规的市场中 CSAD 与市场收益率呈线性正相关关系，但如果 γ_2 显著为负，说明随着市场收益率的增加，股票收益率与市场收益率偏离度的增幅是递减变化的。这意味着当市场出现大幅波动时，投资者更倾向于采取相似的交易策略，即跟随市场的主流方向进行交易，而不是根据自己的信息和判断做出独立的决策。这种情况与羊群效应的定义相符，即投资者不基于自己的分析和判断进行交易，而是跟随其他投资者的行为。因此，平方项系数显著为负被视为存在羊群效应的一个重要证据。

4.1.1.3 不同市场下的羊群效应模型构建

为了深入研究股票市场中羊群行为在不同市场环境下的差异现象，本书根据市场收益率的变动情况，将样本数据划分为两个独立的子样本：上涨市场和下跌市场。选取市场收益率大于零的样本数据作为上涨市场，这些时段内，股票市场整体展现出积极向上的态势，表明市场参与者普遍预期未来股价将进一步上涨，从而激发了投资者的乐观情绪。在此环境下，交易活动频繁且活跃，资金流动加速，投资者倾向于采取更为积极的投资策略，寻求收益最大化。上涨市场的形成往往伴随着利好消息的发布、企业盈利预期的提升或是宏观经济环境的改善等多重因素的共同作用；将市场收益率小于零的样本定义为下跌市场，在这一阶段，股票市场普遍遭遇下行压力，投资者情绪趋于悲观，市场信心不足。面对资产价值缩水的风险，投资者往往采取更为保守的交易策略，减少交易频率，甚至选择离场观望，以避免进一步的损失。下跌市场的形成可能由多种因素引发，包括但不限于宏观经济放缓、政策调整、企业盈利下滑或是市场情绪的突然恶化等。具体的测度模型如下：

$$CSAD_t^U = \alpha + \gamma_1^U |R_{m,t}| + \gamma_2^U R_{m,t}^2 + \varepsilon_t \quad (R_{m,t} \geq 0) \tag{4.3}$$

$$CSAD_t^D = \alpha + \gamma_1^D |R_{m,t}| + \gamma_2^D R_{m,t}^2 + \varepsilon_t \quad (R_{m,t} < 0) \tag{4.4}$$

γ_2^U 和 γ_2^D 系数的值反映出这两种市场的羊群效应程度，若二者的值相等则表明不同市场环境下的羊群效应并无差异。

4.1.2 投资者情绪指标构建

4.1.2.1 个股投资者情绪指标构建

基于上述深入的理论分析，本书致力于通过挖掘中国股吧评论数据库中的宝贵信息，来构建针对上证 50 指数成分股的投资者情绪代理变量。这一研究策略的核心在于，通过量化分析网络论坛中正面和负面帖子数量的分布与变化，能够有效地评估各成分股的投资者情绪状态。这种方法的优势是能够直接捕捉到市场参与者的实时情绪反应，为理解市场动态提供更为直观和及时的视角。投资者情绪的具体计算公式如下：

$$sent_{i,t} = \frac{(pos_{i,t} - neg_{i,t})}{(pos_{i,t} + neg_{i,t})} \qquad (4.5)$$

其中，*pos*代表正面帖子数，*neg*代表负面帖子数。当二者都为0时，分母为0，导致情绪指数无法计算。为了避免这种情况，将上述情况下的市场情绪指数设置为0。

4.1.2.2　市场投资者情绪指标构建

为了进一步精确衡量整个证券市场的投资者情绪，本书创新性地采用了熵值法来确定不同股票情绪指数在构建市场整体情绪指数时的权重。这一方法不仅考虑了各成分股在证券市场中的相对重要性，而且充分利用了数据本身所包含的信息，从而极大地提升了情绪指数构建的客观性和准确性。熵值法，作为一种基于信息熵原理的权重确定方法，其核心在于通过计算各指标数据的离散程度（即变异程度）来分配权重。在信息论中，熵是衡量信息不确定性或随机性的一个度量，当某项指标的数据分布越离散，即其变异程度越大时，意味着该指标所包含的信息量越大，对整体评价的影响也就越显著。因此，在熵值法中，某成分股情绪指数的变异程度越大，其在构建市场整体情绪指数时的权重就越大，反映出该成分股在证券市场中的重要作用。

熵值法计算权重的具体步骤如下。①数据标准化处理：需要对各成分股的情绪指数进行标准化处理，以消除不同量纲对计算结果的影响。标准化处理通常包括数据的同趋化和无量纲化，使得所有情绪指数都能够在同一尺度上进行比较和计算。②计算信息熵：在数据标准化处理的基础上，计算各成分股情绪指数的信息熵。信息熵反映了各指标数据的离散程度，其值越小，说明该指标数据的变异程度越大，即所包含的信息量越大。③计算冗余度：冗余度是信息熵的补数，即1减去信息熵的值。冗余度越大，说明该指标数据的确定性越高，对整体评价的影响也就越显著。④确定权重：根据各成分股情绪指数的冗余度，计算其在构建市场整体情绪指数时的权重。权重的大小直接反映了各成分股在证券市场中的重要性，以及其对市场整体情绪指数的贡献程度。

通过熵值法的应用，本书成功地将不同股票的情绪指数整合为一个能够反映整个证券市场投资者情绪的整体指数。这一指数不仅具有高度的客观性和准确性，而且能够实时反映市场情绪的变化，为投资者提供有价值的参考信息。同时，熵值法的使用也拓展了投资者情绪研究的方法论，为相关领域的研究提供了新的思路和方法。具体计算公式如下：

第一步，计算t时刻时i成分股的情绪指数占总和的比例，即概率分布：

$$P_{i,t} = \frac{sent_{i,t}}{\sum_{t=1}^{T} sent_{i,t}} \tag{4.6}$$

其中，t为时间，由于样本包含了2039天的帖子信息，所以T等于2039。

第二步，计算第i个成分股情绪指数的信息熵，计算方法如下：

$$e_i = -\frac{1}{\ln(T)} \sum_{t=1}^{T} sent_{i,t} \times \ln sent_{i,t} \tag{4.7}$$

第四步，计算第i个成分股情绪指数的冗余度，计算方法如下：

$$g_i = 1 - e_i \tag{4.8}$$

第五步，计算各成分股的情绪指数权重，计算方法如下：

$$w_i = \frac{g_i}{\sum_{i=1}^{n} g_i} \tag{4.9}$$

其中，n为成分股个数。

通过熵值法确定各成分股的情绪指数所占权重为w_i，接下来运用线性加权法计算出各时间的市场投资者情绪指数。其计算方法如下：

$$S_t = \sum_{i=1}^{n} w_i \times sent_{i,t} \tag{4.10}$$

为了更加全面且稳健地衡量证券市场的投资者情绪，本书在采用熵值法确定权重的基础上，还引入了流通市值加权和总市值加权的方法来计算市场投资者情绪指标。这两种加权方法不仅考虑了各成分股在证券市场中的实际规模，而且通过不同的维度（流通市值和总市值）来反映各股票的重要性，从而进一步增强了情绪指数的代表性和可靠性。

流通市值加权法，是根据各成分股的日个股流通市值来计算其在上证50指数中所占的权重。流通市值，作为衡量股票在市场上可自由交易部分价值的重要指标，直接反映了股票的市场活跃度和流动性。在计算日个股流通市值时，本书采用了个股的流通股数与当日收盘价的乘积。这一方法既考虑了股票的数量，又考虑了价格因素，因此能够更准确地反映各成分股在市场上的实际影响力。而总市值加权法，则是根据各成分股的日个股总市值来计算权重。总市值，作为衡量公司整体价值的关键指标，包括了所有已发行股票的价值，无论其是否处于流通状态。在计算日个股总市值时，本书采用了个股的总股数与当日收盘价的乘积。这一方法更多地考虑了公司的整体规模和实力，对于评估大型蓝筹股在证券市场中的作用尤为重要。通过流通市值加权和总市值加权的方法计算，可以得到两个不同维度的市场投资者情绪指标。这两个指标不仅各自具有独特的经济含义和解释力，而且能够相互补充，共同揭示市场情绪的变化趋势。同时，将它们与熵值法计算得到的情绪指数进行对比和分析，还可以进一步检验情绪指数的稳健性和可靠性。

4.1.3 投资者情绪影响羊群效应的模型构建

行为金融学作为一门融合了心理学、社会学与经典金融理论的交叉学科，揭示了投资者情绪在金融市场中的重要作用。其中，投资者情绪对羊群效应的影响尤为显著，这一观点得到了广泛的认可。行为金融学认为，投资者情绪之所以能成为推动羊群效应的关键因素，主要归因于以下几个相互交织、相互影响的方面：情绪的普遍性、对从众心理的促进作用、对信息处理方式的扭曲以及对市场趋势的强化作用。

为了深入研究市场情绪与羊群效应之间的关系，将上文计算得出的市场情绪指数引入羊群效应模型。这一市场情绪指数作为衡量投资者情绪变化的量化指标，能够更准确地反映市场情绪对羊群效应的影响。通过引入市场情绪指数，可以更深入地分析市场情绪与羊群效应之间的内在联系，为投资者提供更为准确的决策参考。同时，这一模型也为市场监管者提供了有效的工具，以监测和预警市场情绪的变化，从而维护市场的稳定和健康发展。

将上文计算得出的市场情绪指数引入羊群效应得到的模型如4.11所示：

$$CSAD_t = \alpha + \gamma_1 |R_{m,t}| + \gamma_2 R_{m,t}^2 + \gamma_3 S_t + \varepsilon_t \tag{4.11}$$

其中，S_t 为市场情绪指数。

不同市场条件下投资者情绪对于羊群行为的影响也不同，下面是不同市场中，投资者情绪对羊群效应影响的回归模型，划分市场的依据仍然是市场收益率是否大于零：

$$CSAD_t^U = \alpha + \gamma_1^U |R_{m,t}| + \gamma_2^U R_{m,t}^2 + \gamma_3^U S_t + \varepsilon_t \quad (R_{m,t} \geq 0) \tag{4.12}$$

$$CSAD_t^D = \alpha + \gamma_1^D |R_{m,t}| + \gamma_2^D R_{m,t}^2 + \gamma_3^D S_t + \varepsilon_t \quad (R_{m,t} < 0) \tag{4.13}$$

4.2 数据及描述性统计

4.2.1 数据来源及说明

本节选取上证50指数的成分股对证券市场的羊群效应进行测度，上证50指数是由上海证券交易所编制的一种指数。该指数包含50家在上海证券交易所上市的蓝筹股，这些公司通常具有较大的市值、良好的财务状况和业绩表现，能够代表上海证券市场的主要趋势。成分股包括浦发银行、民生银行、宝钢股份、中国石化等知名企业，其涉及金融、制造业、能源等多个领域，具有广泛的行业代表性。

上证50指数的成分股均为中国上海证券市场中规模最大、流动性最好的大盘蓝筹股，从而确保了该指数能够有效且准确地反映市场主流资金的动向和投资策略。由于这些股票在市场中占据了举足轻重的地位，不仅吸引了大量机构投资者和资深投资者的密切关注，也成为众多市场分析报告和预测的重要参考对象。这些成分股的交易行为，因其背后庞大的资金支持和专业的投资分析，往往能够引领市场的整体趋势，展现出较强的市场代表性。相较于散户投资者，这些大型资金持有者的交易行为更加稳健和理性，因此能够有效降低个人投资者因信息不对称、情绪波动等因素带来的随机性影响，使得上证50指数成为观察市场风向标的重要窗口。在交易数据方面，上证50指数的成分股具有丰富且活跃的交易记录，其涵盖了股价的波动、成交量的增减、涨跌幅的变动等多个维度。这些数据的实时更新速度快，能够迅速捕捉市场动态，为投资者提供及时、全面的市场信息，有助于他们做出更加精准的投资决策。此外，上证50指数在资本市场中享有较高的知名度和影响力，不仅因为它是中国资本市场的重要组成部分，更因为它代表了国内最优质的一批上市公司。因此，关于上证50指数的研究结果不仅具有学术价值，更具有重要的社会和经济价值，能够为政策制定者、市场分析师以及广大投资者提供有益的参考和启示。

综上所述，鉴于上证50指数在成分股构成、市场代表性、交易数据丰富度以及知名度和影响力等方面的显著优势，本书选用上证50指数作为测度股市羊群效应的研究对象，无疑具有较强的代表性和说服力。通过深入分析该指数的交易行为和市场表现，可以更加准确地揭示股市中的羊群效应现象，为投资者提供有益的指导和建议。

本节选取2015年2月10日至2023年6月30日作为样本区间，上证50指数在样本区间内的对数收益率趋势图如图4-1所示，若上证50指数的成分股在区间内发生变动，样本数据也应替换为新的成分股。这一样本区间不仅跨越了多个市场周期，包括牛市、熊市及震荡市，还涵盖了多次重大经济事件和政策调整，为深入探究不同市场环境下羊群效应与投资者情绪的关系提供了丰富的数据基础。图4-1所展示的上证50指数对数收益率趋势，直观地反映了该指数在选定时间段内的波动情况，为后续的羊群效应测度提供了关键的市场背景信息。

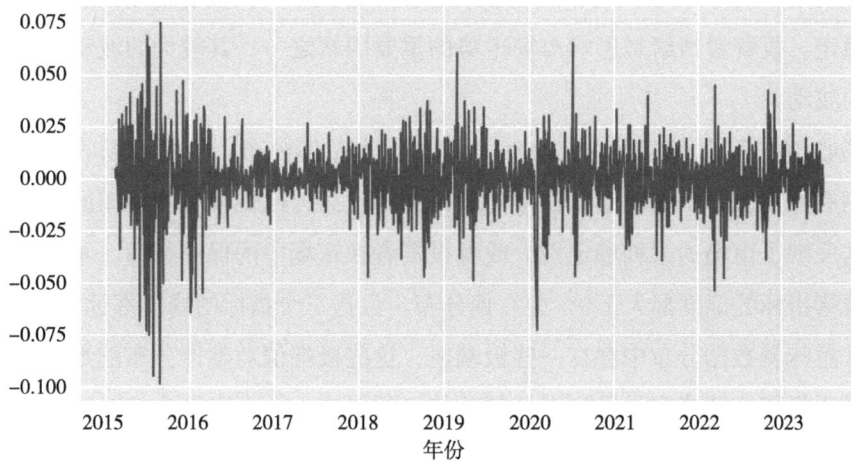

图 4-1   上证 50 指数对数收益率趋势

本节在测度羊群效应时，删去缺失值过多的成分股样本，以避免这些不完整数据对分析结果造成干扰。随后，基于剩余的有效数据，计算了横截面绝对偏离度，这一指标是衡量投资者交易行为一致性的重要工具，能够有效反映羊群效应的强度。在测度投资者情绪指数时，提取初始的帖子数据137863条，这些帖子数据包含了大量投资者对于上证50指数成分股市场走势、个股表现及宏观经济环境的看法和预期，是反映投资者情绪的直接而真实的来源。为了从这些成分股的评论数据中提取出有效的市场情绪信息，采用熵值法这一客观赋权方法，通过对不同成分股帖子的加权聚合，实现了对上证50指数市场投资者情绪的量化测度。此外，本节还特别注意到未开盘日期的股吧评论可能并不直接反映市场交易情绪，因此在数据预处理阶段将其删除，以确保最终得到的投资者情绪指数能够准确反映市场交易日的真实情绪状态。综合测度后得到2039个样本数据。关于测度投资者情绪指数的数据，来自 CNRDS 中的中国股吧评论数据库（GUBA），其余数据均来自国泰安数据库（CSMAR）。

4.2.2 描述性统计分析

表4-1为各指标的描述性统计结果。从表中可以看出，羊群效应测度指标 CSAD 的标准差为 0.0049，低于市场收益率 R_m 的标准差，说明市场收益率的波动幅度大于羊群效应的波动幅度，这意味着市场整体的波动情况比投资者在羊群效应方面的行为更加复杂和多变。投资者情绪指标 S_t 的标准差为 4.3036，远大于市场收益率 R_m 的标准差。这表明投资者情绪的波动幅度非常大，即投资者情绪的变化非常剧烈和不稳定。投资者情绪是影响市场走势的重要因素之一，其较大的波动可能会加剧市场的波动。

市场收益率 R_m 的偏度为 −0.5458，小于0，为左偏分布，表明市场收益率的分布在左侧有长尾，即出现较小收益率的频率相对较高，出现较大收益率的频率相对较低。这反映了市场的某种稳定性，或者投资者在市场中的保守行为。羊群效应和投资者情绪指标的偏度都大于0，为右偏分布。且这三个指标的峰度都远大于3，高峰度通常意味着数据分布中存在一些极端值，这些极端值对整体分布的形状有显著影响。说明投资者情绪容易受到市场某种信息的影响，从而可能在短时间内产生大幅波动，从而增加市场的不确定性和风险。

表4-1　变量的描述性统计

变量名	样本数	平均值	标准差	最小值	最大值	偏度	峰度
CSAD	2039	0.0093	0.0049	0.0018	0.0405	1.7769	7.9679
R_m	2039	0.0005	0.0114	0.0804	0.0576	−0.5458	9.6612
S_t	2039	7.1286	4.3036	11.0145	36.2175	0.7201	8.3557

CSAD 是衡量资本市场异质性或个体投资者行为差异程度的一个重要指标。它通过对市场中所有股票或选定样本股票的收益率进行横截面分析，计算这些股票收益率与市场平均收益率之间偏差的绝对值之和，从而反映出个体投资者在投资决策上的多样性和差异性。在一个完全理性的市场中，每个投资者都基于自己的信息和判断进行独立的投资决策，这些决策因投资者的风险偏好、投资期限、信息获取能力等因素的不同而表现出显著的多样性。因此，CSAD 的值在这种情况下应该保持相对稳定，不会因市场的短期波动而发生剧烈变化，它如同一面镜子，真实、客观地反映了个体投资者行为的多样性。然而，当市场出现羊群效应时，即投资者开始模仿其他投资者的行为，而忽视自己的信息和判断，这种多样性就会受到严重破坏。羊群效应通常发生在市场面临不确定性、信息不充分或投资者信心不足的情况

下，此时投资者更倾向于跟随市场主流或权威机构的意见，以避免因独立决策可能带来的风险和损失。在羊群效应的作用下，投资者的行为开始趋同，导致市场中股票的价格波动和收益率变化呈现出高度的相关性。这种高度的相关性使得CSAD的值发生显著的变化，通常表现为CSAD的值随着市场收益率的绝对值增大而减小，这与理性市场中的表现形成鲜明的对比。这种变化不仅揭示了市场中的羊群行为，也预示着市场可能面临较大的风险和不稳定性。因此，通过对CSAD的监测和分析，可以及时发现市场中的羊群效应，为投资者提供预警信号，帮助他们做出更加明智的投资决策。同时，政策制定者和市场监管者也可以利用CSAD这一工具来评估市场的健康状况，及时采取措施来防范和化解市场风险，维护市场的稳定和健康发展。

图4-2是样本区间内CSAD的趋势图，从图中可以看出，CSAD的值随时间而变化，2015年至2016年间CSAD的值出现了显著的波动，2021年初和2022年末同样也存在剧烈波动，表明投资者行为在这段时间内变得较为一致，股票市场出现严重的羊群行为，这可能是由于市场信息不明确或存在某种引领市场趋势的事件或新闻，导致投资者跟随他人的行为。其余时段尽管存在小幅度的波动，但整体而言，市场投资者的行为变得更加多样化，这段时间市场信息的透明度提高，投资者能够基于更多的信息进行独立判断，因而羊群效应的影响减弱。CSAD的值不能直观地体现市场是否存在羊群行为，本节将进一步检验市场收益率与CSAD的关系。

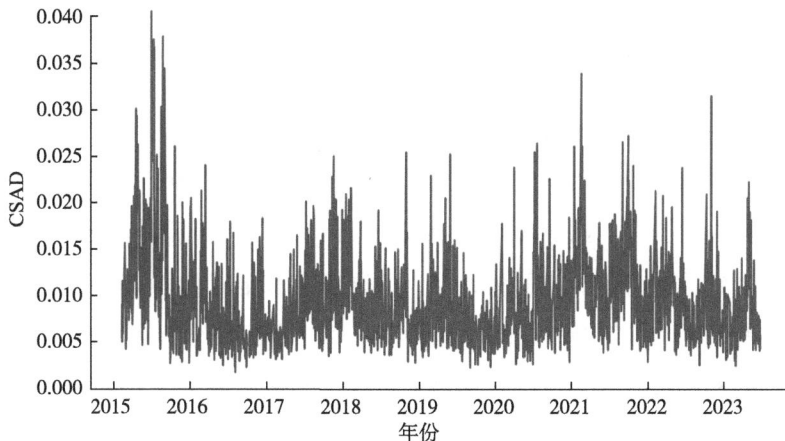

图4-2　CSAD趋势

市场收益率R_m与横截面绝对偏差CSAD的散点图如图4-3所示，从图中可以看出，市场收益率和CSAD之间并不存在明显的线性关系，图中CSAD与市场收益率的关系呈现出非线性的、向下弯曲的形状，表明存在羊群效应，即投资者在决策时倾向于模仿他人的行为。这种非线性关系在市场收益分布的尾部尤为明显。其在羊群效应的背景下可能表现为市场收益率的极端波动会加剧羊群效应。当市场收益率过高或过低时，投资者可能更容易受到他人行为的影响，从而加剧羊群效应。所以本书使用CCK模型，通过探究CSAD与市场收益率平方项的关系来测度羊群行为是否存在。

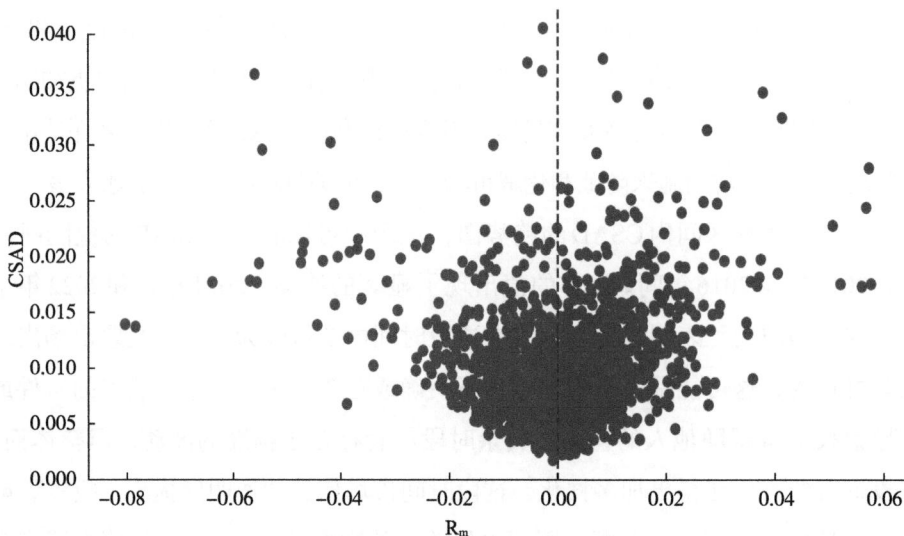

图 4-3　CSAD 与 R_m 的关系

图4-4是市场投资者情绪指数随时间变化的趋势图，从图中可以看出，2016年4月市场投资者情绪产生了极大的波动，从最大值36下降到最小值−11，且2015年也存在投资者情绪指数下降的现象。造成此现象的原因由以下几点：①全球股市暴跌的影响。2016年全球投资者被莫名的恐慌情绪传染，全球股市一片暴跌，创下史上最糟的新年开局。美国、欧洲和亚太地区的股市均出现了显著的下跌，这使得全球投资者信心受到严重打击。在此背景下，中国股市也难以独善其身，投资者情绪受到全球股市暴跌的负面影响，出现大幅下降。②中国经济预期的不确定性。市场对中国经济改革和增长模式转型的短期预期过高，长期预期不足，这导致市场信心不足，投资者情绪受到抑制。2016年，中国经济面临转型的压力，经济增长放缓，这使得投资者对未来市场走势的预期较为悲观。③股市本身的调整。2015年下半年至2016年初，中国股市经历了一波大跌，上证综指一度跌至2638.30点，这种大幅度的调整直接影响了投资者的信心，导致投资者情绪大幅下降。股市的暴跌往往伴随着投资者情绪的恐慌性释放，这也是导致投资者情绪大幅下降的重要原因之一。④市场配资规模的迅速膨胀和高杠杆风险。2015年股市上涨期间，市场配资规模迅

速膨胀，高杠杆推动着股市快速上涨，但同时也增加了市场的风险。当市场出现调整时，高杠杆的投资者往往面临巨大的亏损风险，这进一步加剧了投资者情绪的恐慌和下降。⑤人民币汇率贬值的影响。2015年下半年人民币汇率上升，本币贬值，导致资本流出本国，本国证券市场需求减少，价格下跌。这种汇率的变化对股市产生了负面影响，进一步打击了投资者信心。

另外，2019年和2020年市场投资者情绪也存在较大幅度的波动，其间投资者情绪虽有所下降，但总体平稳，且2020年末复苏明显。在3月到9月期间，由于新冠疫情等不确定性因素的影响，投资者情绪较为悲观。然而，随着国内疫情的控制和复工复产的有序开展，投资者情绪逐渐转为乐观。虽然受多种因素影响，投资者情绪在一段时间内可能出现下滑，但总体来看，随着市场环境的改善和经济的复苏，投资者情绪指数将会呈稳定增长趋势。

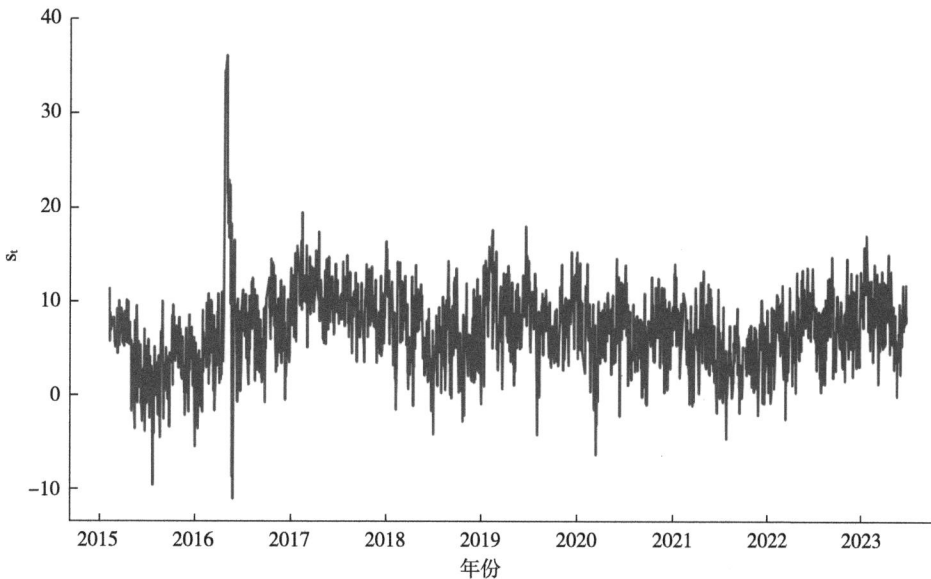

图 4-4　市场投资者情绪趋势

4.3　实证分析

实证研究的具体操作步骤：首先，使用羊群效应测度模型对羊群效应的存在性进行检测，并根据市场收益率将证券市场分为上涨市场和下跌市场，进行不同市场背景下羊群效应的差异性分析；其次，在CCK模型中加入市场投资者情绪指标，研究投资者情绪对于市场羊群行为的影响，划分市场再次对其进行研究。

4.3.1 羊群效应的存在性分析

根据上文构建的模型（4.2）检验上证50市场的羊群效应，得到的回归结果如表4-2所示。平方项的系数γ_2显著为负，表明我国上证50指数成分股市场在2015—2023年间内存在明显的羊群效应。在我国证券市场中，机构投资者占有重要地位。由于机构投资者通常具有较为专业的投资能力和信息渠道，他们的交易行为往往成为市场关注的焦点。当机构投资者对某只成分股进行大量买入或卖出时，容易引发其他投资者的跟风行为，加剧羊群效应。市场中信息不对称现象较为普遍，投资者往往难以获取全面、准确的信息，因此容易受到市场上其他投资者行为的影响。当市场上出现某种趋势或传闻时，投资者容易盲目跟风，从而加剧羊群效应。

表4-2 羊群效应存在性检验

变量	模型（4.2）
γ_1	0.3810*** （0.0235）
γ_2	−2.4350*** （0.520）
α	0.0067*** （0.0002）
R^2	0.246

注：括号内为t统计量的标准误。$^* p < 0.1$，$^{**} p < 0.05$，$^{***} p < 0.01$。

4.3.2 羊群效应的非对称性

受市场走势、信息传播等多种因素影响，不同市场环境下投资者的行为模式往往存在显著差异，这种差异也会出现在羊群效应的表现上。为了进一步研究上证50指数成分股中上涨市场和下跌市场的羊群效应差异，本书根据市场收益率是否大于零，构建模型4.3和模型4.4旨在对不同市场下的羊群效应进行测度，实证结果如表4-3所示。

上涨市场的样本量为1063，下跌市场样本量为976，样本量占比大致相等，得出的结果更具有效性。γ_2^U在5%水平下显著为负，γ_2^D在1%水平下显著为负，可以得出上涨和下跌市场中都显著存在羊群效应。且γ_2^U比γ_2^D的绝对值更大，这表明在上涨市场中，个股收益率趋近于市场收益率的程度更高，即羊群效应在上涨市场中更为剧烈。

当市场趋势向上时，个别股票的优异表现往往能迅速吸引投资者的关注，形成所谓的"领头羊"效应。这些领涨股票不仅自身价格飙升，还会带动同一板块或相关行业内的其他股票跟风上涨，形成强烈的板块联动效应。这种联动性不仅增强了投资者对整个市场的乐观预期，还促使更多资金涌入市场，进一步推高股价，形成反馈循环。在这一过程中，羊群效应显著放大了市场的上涨趋势，使得上涨行情更加迅猛和持久。具体来说，上证50指数作为A股市场中的蓝筹股代表，其成分股多为行业龙头企业，具有较高的市场影响力和号召力。在上涨市场中，投资者往往更加愿意承担风险以追求更高的收益。这种风险偏好的提升可能使得投资者更加容易受到市场情绪的影响，从而在投资决策中表现出更大的波动性。

相比之下，在下跌市场中，羊群效应虽然依然存在，但其表现相对较弱且具有一定的复杂性。当市场趋势向下时，投资者对市场前景持怀疑态度。此时，个别股票的下跌往往会引发投资者的恐慌性抛售，但这种抛售行为不会立即引发大面积的板块联动效应。因为在下跌市场中，投资者更加谨慎和保守，更倾向于采取观望或减仓策略以规避风险。

综上所述，上证50指数成分股中羊群效应的非对称性主要源于市场参与者在不同市场状态下的心理和行为差异。在上涨市场中，投资者普遍乐观且风险偏好较高，容易受到市场情绪的感染和驱动；而在下跌市场中，投资者则更加谨慎和保守，对市场信息的解读也更为悲观和负面。这种心理和行为上的差异导致了羊群效应在不同市场状态下的非对称性表现。

表4-3 不同市场下的羊群效应

变量	模型（4.3）	模型（4.4）
γ_1^U	0.4020*** （0.0369）	
γ_1^D		0.3290*** （0.0322）
γ_2^U	−2.3320** （0.9720）	
γ_2^D		−1.7820*** （0.6360）
α	0.0070*** （0.0002）	0.0066*** （0.0002）

变量	模型（4.3）	模型（4.4）
N	1063	976
R^2	0.264	0.228

注：括号内为 t 统计量的标准误。$^*p < 0.1$，$^{**}p < 0.05$，$^{***}p < 0.01$。

4.3.3　投资者情绪与羊群效应

上文得出不同市场的羊群效应可能受投资者情绪影响，因而在CCK模型中加入市场投资者情绪指标构建模型（4.11），使用与上文相同的方法区分不同市场后构建模型（4.12）和模型（4.13），实证分析得到的结果如表4-4所示。

加入市场投资者情绪指标后，三个模型平方项的系数依旧显著为负，下跌市场的平方项系数在5%水平显著，其他两个平方项在1%水平下显著，表明上证50指数在各市场均存在显著的羊群效应。投资者情绪指标的系数 γ_3、γ_3^U 和 γ_3^D 均结果显著，表明在上证50指数成分股市场中投资者情绪对羊群效应存在显著影响。γ_3^U 的绝对值大于 γ_3^D，说明在上涨市场中，投资者情绪对羊群效应的影响更为显著。在羊群效应的背景下，这种情况可能是因为投资者情绪的集体高涨会进一步放大非理性的投资决策，导致市场过度乐观或过度悲观，进而加剧了羊群效应。

在上涨市场中，投资者情绪往往呈现出高度乐观和亢奋的状态，这种积极的情绪可能更容易被放大和传播，导致投资者更加乐观和冒险。随着市场指数的攀升，投资者对未来市场的预期变得更为积极，信心也随之增强。这种正面的情绪氛围促使市场中出现过度乐观的情绪，投资者盲目追涨，从而加剧市场泡沫的形成。此时，羊群效应在投资者情绪的推动下被显著放大。当市场中出现某些领涨股票或板块时，乐观的投资者情绪会迅速蔓延，促使更多投资者跟风买入这些热门股票，形成强烈的买入羊群效应。这种效应不仅加速了相关股票的价格上涨，还通过板块联动机制进一步推高了整个市场的热度。在此过程中，投资者之间的信息交流变得更加频繁和紧密，进一步强化了羊群效应的作用。

相比之下，在下跌市场中，投资者情绪可能更加悲观和谨慎。然而，随着市场的不断下跌和投资者逐渐接受现实，悲观情绪可能逐渐收敛并趋于稳定。随着市场指数的下滑，投资者对未来市场的预期变得更为悲观，信心也大幅受挫。此时，投资者更加倾向于采取保守或避险策略，对市场信息的解读也更为谨慎和负面。在这种情绪氛围下，羊群效应虽然依然存在，但其表现形式和影响力相对较弱。当市场中出现某些领跌股票或板块时，悲观的投资者情绪会促使部分投资者选择抛售以规避风险，但这种抛售行为往往不会立即引发大规模的羊群效应。因为在下跌市场中，投资者之间的信任度降低，信息交流变得不畅，使得羊群效应的形成和传播受到一定阻碍。然而，值得注意的是，在下跌市场的某些极端情况下，如市场崩盘或恐慌性抛售时，投资者情绪可能迅速恶化并引发强烈的羊群效应。此时，投资者之间的恐慌情绪相互传染，导致大量股票被抛售，市场指数急剧下跌。

表4-4　投资者情绪对羊群效应的影响

变量	模型（4.11）	模型（4.12）	模型（4.13）
γ_1	0.3750*** (0.0236)		
γ_1^U		0.4140*** (0.0367)	
γ_1^D			0.2950*** (0.0340)
γ_2	−2.4900*** (0.5190)		
γ_2^U		−2.7030*** (0.9670)	
γ_2^D			−1.5270** (0.6390)
γ_3	−0.00007*** (0.0000)		
γ_3^U		−0.0002*** (0.0000)	
γ_3^D			−0.0001*** (0.0000)
α	0.0073*** (0.0002)	0.0082*** (0.0004)	0.0074*** (0.0003)
N	2039	1063	976
R^2	0.249	0.277	0.236

注：括号内为t统计量的标准误。$^*p<0.1$，$^{**}p<0.05$，$^{***}p<0.01$。

此外，加入投资者情绪指标后整个市场的R^2由0.246增加到0.249，上涨市场和下跌市场的R^2分别由0.264和0.228增长为0.277和0.236，由于投资者情绪指标能够捕捉市场参与者的心理状态和情绪变化，将其加入模型后，使得模型在解释和预测市场或投资组合表现时更加准确，从而提高了模型的拟合优度。

4.4 稳健性检验

为了保证模型在不同条件下的稳定性和可靠性，本节对上述回归模型进行稳健性检验。上述回归结果可以得出投资者情绪对上证50指数市场的羊群效应有显著影响，本节分别更换关键变量和样本区间进行回归，分析得到的结果是否和上述结果一致。

4.4.1 更换解释变量

上述模型中市场投资者情绪是由各成分股的情绪通过熵权法加权聚合得出，本节分别通过流通市值加权和总市值加权计算出新的市场投资者情绪，构建新的回归模型如下：

$$CSAD_t = \alpha + \gamma_1 \mid R_{m,t} \mid + \gamma_2 R_{m,t}^2 + \gamma_4 S_t 1 + \varepsilon_t \qquad (4.14)$$

$$CSAD_t = \alpha + \gamma_1 \mid R_{m,t} \mid + \gamma_2 R_{m,t}^2 + \gamma_5 S_t 2 + \varepsilon_t \qquad (4.15)$$

将模型（4.14）和模型（4.15）进行回归得到的结果如表4-5所示。可以看出，通过流通市值加权和总市值加权得出的新市场情绪指标构建的模型中，依然存在显著羊群效应，且市场投资者情绪对羊群效应的影响仍然显著，这说明上述模型具有较高的稳健性。

流通市值加权和总市值加权是金融市场分析中常用的两种加权方式。流通市值加权更侧重于市场上实际可交易的股票部分，而总市值加权则包括了所有已发行的股票，无论其是否流通。从表4-5的结果还可以看出模型（4.14）和模型（4.15）中除投资者情绪指标外，剩余变量的系数几乎相同，这说明在这些上述模型，股票的流通性对于羊群效应的其他影响因素而言，并不是主导因素。投资者情绪反映了市场参与者的心理预期和风险偏好，是金融市场行为中不可忽视的一部分。因此，它在羊群效应中可能扮演了重要的角色。投资者情绪作为两个模型中唯一的显著差异变量，其系数可能因加权方式的不同而有所变化。这表明投资者情绪对于羊群效应的影响可能受到股票流通性的影响，或者投资者情绪本身就是独立于市值加权方式之外的一个关键因素。两个模型在其他变量系数上的一致性也体现了模型的稳健性，即不论采用何种市值加权方式，模型对于其他影响因素的评估都是稳定且可重复的。

此外，两种回归得出的拟合优度 R^2 相同，说明二者对于市场羊群效应的拟合情况基本相似，这也表明上述稳健性检验模型能够很好地解释市场变化情况。

表4-5　更换解释变量的回归结果

变量	模型（4.14）	模型（4.15）
γ_1	0.3670*** （0.0236）	0.3670*** （0.0236）
γ_2	−2.4760*** （0.5170）	−2.4780*** （0.5170）
γ_4	−0.0039*** （0.0008）	
γ_5		−0.0040*** （0.0008）
α	0.0076*** （0.0002）	0.0076*** （0.0002）
N	2039	2039
R^2	0.254	0.254

注：括号内为t统计量的标准误。$^*p < 0.1$，$^{**}p < 0.05$，$^{***}p < 0.01$。

4.4.2　更换样本区间

在时间序列分析中，由于数据可能受到多种因素的影响，包括但不限于季节性变化、经济周期、政策变动等，因此通过调整样本区间来观察模型结果是否保持一致，是评估模型稳健性的一种有效方式。为了进一步对上述模型进行稳健性检验，本节更换样本区间再次进行检验，上述模型选取2015年2月10日至2023年6月30日作为样本区间，本节剔除前后各一年，选取2016年2月10日至2022年6月30日作为新的样本区间，再次进行模型（4.11）的回归，结果如表4-6所示。

回归结果显示，模型在截断后的数据上仍然能够得出投资者情绪对羊群效应存在显著影响这一结论，另外，将模型（4.11）*的结果与模型（4.11）对比可以发现，两个回归结果的各系数基本相同，且拟合优度也相同，这一结果表明，样本区间发生变化后，模型的核心关系和参数都保持相对稳定。这是模型稳健性的一个重要体现，意味着该模型不仅适用于原始样本区间，也能够在其他时间段内提供一致的结论和预测。由于回归得到的系数基本相同，说明影响股票市场羊群效应的关键因素在不同样本区间内具有普遍性，即市场投资者情绪对于股市羊群效应的影响是持续且稳定的，不随时间的推移而发生显著变化。这一结果还可能暗示股市羊群效应现象在时间维度上具有一定的不变性，即尽管市场环境、政策因素等外部条件可能发生变化，但投资者情绪影响股市羊群效应的核心机制保持不变。

表4-6　更换样本区间的回归结果

变量	模型（4.11）*
γ_1	0.375***
	(0.0236)
γ_2	−2.490***
	(0.519)
γ_3	−0.00006***
	(0.0000)
α	0.0073***
	(0.0002)
N	2039
R^2	0.249

注：括号内为t统计量的标准误。$^*p < 0.1$，$^{**}p < 0.05$，$^{***}p < 0.01$。

4.5　本章小结

投资者情绪是指投资者在金融市场中对资产定价的预期偏离理性期望的程度，这种偏离可能源于信息不对称、个人交易习惯、宏观经济政策等多种因素。投资者情绪具有复杂、不稳定的特性，难以完全量化，但可以通过多种指标进行衡量，如股市成交量、市盈率、新增开户数等。羊群效应，也称羊群行为或从众心理，是指个人在决策时受到群体行为的影响，倾向于跟随大多数人的选择，而不是基于自己的独立判断。在股票市场中，羊群效应表现为投资者在买卖股票时跟随市场趋势或他人的投资决策，导致市场价格的过度波动。

投资者情绪的变化通过加剧市场波动、影响投资者决策和传播市场信号这三个方面来影响羊群行为。当投资者情绪高涨时，往往伴随着市场的乐观预期和大量买入行为，这种情绪会造成市场剧烈波动，从而对羊群行为产生更大的影响。投资者情绪还会直接影响投资者的风险偏好和决策行为。在情绪高涨时，投资者往往更加乐观和激进，愿意承担更高的风险；而在情绪低落时，则更加保守和谨慎。这种情绪变化会进一步影响羊群效应的强度和方向。投资者在面临不确定性和信息不对称时，更容易受到市场情绪和他人行为的影响，从而做出非理性的投资决策。羊群效应正是这种非理性行为的集中体现。

投资者情绪作为市场的一种信号，会通过各种渠道传播给其他投资者。当某个投资者群体的情绪发生变化时，这种变化会迅速传播到整个市场，引发更多投资者的跟风行为。这种传播机制进一步加剧了羊群效应的影响范围和强度。

本章对上证 50 指数成分股的羊群效应进行静态研究分析，主要分析了 2015 年 2月 10 日至 2023 年 6 月 30 日上证 50 市场中羊群效应的存在性和非对称性，以及投资者情绪对市场中羊群效应的影响。为了确定上述研究的稳健性，分别更换解释变量与样本区间重新进行回归。本章实证分析得到的结果如下：

首先，深入探讨上证 50 指数成分股中的羊群效应，发现这一市场行为在股票市场的不同运行阶段即上涨与下跌市场中，表现出了显著的非对称性特征。这主要源于市场参与者在不同市场状态下的心理和行为差异。在上涨市场中，投资者普遍乐观且风险偏好较高，容易受到市场情绪的感染和驱动，会形成所谓的"领头羊"效应，使得其羊群行为相较于下跌市场表现更为剧烈；而在下跌市场中，投资者则更加谨慎和保守，对市场信息的解读也更为悲观和负面。这种心理和行为上的差异导致了羊群效应在不同市场状态下的非对称性表现。

其次，投资者情绪作为金融市场中的一个核心驱动力，对上证 50 指数成分股的羊群效应具有显著影响。上涨市场的情绪放大效应和下跌市场的情绪收敛效应使得在不同市场下投资者情绪对羊群效应的影响也具有差异性。在上涨市场中，投资者情绪往往更加高涨和积极。这种积极的情绪可能更容易被放大和传播，导致投资者更加乐观和冒险。相比之下，在下跌市场中，投资者情绪可能更加悲观和谨慎。然而，随着市场的不断下跌和投资者逐渐接受现实，悲观情绪可能逐渐收敛并趋于稳定。因此，在回归结果中可以得出，上涨市场中市场情绪对投资者行为和市场表现的影响更强烈。

最后，投资者情绪对羊群效应的影响具有很强的稳健性和可靠性。将投资者情绪指标通过流通市值加权和总市值加权计算出新的数据，更换投资者情绪指标后的回归结果仍显示股票市场存在显著羊群效应且投资者情绪对羊群效应影响显著，将样本区间前后各截掉一年再次进行回归，得到的结果仍然和上文一致。因此，投资者情绪对羊群效应的影响及其影响机制具有很强的稳健性，不会随时间和市场的变化而改变。

5 投资者情绪对股市羊群效应影响的动态交互作用

5.1 模型构建

上一章对投资者情绪与羊群效应的研究是静态的，鉴于投资者行为本质上具有时间动态性和复杂性，静态分析框架在捕捉这些动态演变方面存在局限性。一方面，投资者情绪的变化会影响羊群效应的形成和强度；另一方面，羊群效应又会反过来影响市场走势和投资者情绪。这种双向作用机制使得两者之间的关系难以用静态模型来描述。复杂网络模型能够模拟这种动态变化过程，揭示投资者情绪与羊群效应之间的相互作用机制。

本章引入复杂网络模型对上证50指数成分股中的羊群效应进行动态分析。该模型以其强大的非线性处理能力和对系统内部相互作用的精细刻画，为解析上证50指数成分股中羊群效应的动态演变提供了新的视角。本章以整个上证50指数成分股市场作为总样本，研究投资者情绪和市场羊群效应间的动态关系。本章研究的核心聚焦投资者情绪与羊群效应之间动态关系的深度剖析，旨在揭示情绪波动的即时效应如何驱动或抑制羊群行为的形成与消散。通过这一动态分析框架，能够更全面地理解上证50指数成分股市场中的投资者行为模式，为市场参与者提供更为精准的风险管理和投资决策依据。

本章的研究围绕羊群效应指标、市场投资者情绪指标以及它们之间的复杂关系展开，具体可以分为以下三个紧密相连且逐步深入的阶段。

第一阶段：指标的小波分解与重构。

在这一阶段，首先对上述两个核心变量进行小波分解和重构处理。小波分解作为一种强大的信号处理技术，能够有效地将原始信号分解为不同频率成分的小波系数，从而揭示信号在不同时间尺度上的特征。通过这一步骤，成功地将羊群效应指标和投资者情绪指标分解为多个频带上的分量，这些分量分别反映了不同时间尺度下的市场行为和情绪变化。其次，根据研究需要，对小波分解后的指标进行了重构。重构过程旨在从分解后的分量中筛选出对研究最为关键的信息，并将其重新组合成新的指标序列。这一过程不仅有助于更清晰地把握市场行为和情绪变化的主要特征，还为后续的分析工作奠定了坚实的基础。

第二阶段：滚动回归分析与复杂网络构建。

在完成了指标的小波分解与重构后，进入了研究的第二阶段。这一阶段的核心任务是利用重构后的羊群效应指标、投资者情绪指标以及市场收益率指标进行滚动回归分析。滚动回归分析是一种动态分析方法，它能够在不同时间段内对变量间的关系进行持续监测，从而揭示它们之间的动态演变规律。通过滚动回归分析，得到了不同时间段内羊群效应、投资者情绪与市场收益率之间的回归系数，这些系数反映了它们之间的相关关系强度和方向。为了更直观地展示这些动态关系，本章进一步构建了二者之间的相关关系复杂网络。这一网络以节点表示不同的指标或时间段，以边表示它们之间的相关关系，边的权重则反映了相关关系的强度。通过这一网络，能够清晰地看到投资者情绪与羊群效应在不同时间段内的相互作用和演变规律。

第三阶段：复杂网络拓扑指标分析与动态演变关系探讨。

最后，进入了研究的第三阶段，即结合复杂网络拓扑指标分析二者的动态演变关系。复杂网络拓扑指标，如度分布、聚类系数、平均路径长度等，能够为投资者提供关于网络结构和动态特性的重要信息。在这一阶段，本章利用这些拓扑指标对投资者情绪与羊群效应之间的复杂网络进行了全面剖析。通过计算和分析这些指标，不仅揭示了网络的整体结构和动态特性，还深入探讨了投资者情绪与羊群效应在不同时间段内的相互作用机制和演变规律。这些分析结果不仅提供了关于市场情绪和羊群行为的新见解，还为市场监管者制定有效的政策措施提供了科学依据。

5.1.1 原始数据的小波分解与重构

在金融市场的复杂动态中，为了更精准地捕捉时间序列的核心趋势与动态，预处理步骤显得尤为重要。其中，小波分解技术凭借其卓越的多尺度分析能力，成为一种有效的手段来剥离金融时间序列中的噪声干扰成分，只保留最原始的数据走势。

在构建复杂网络模型之前，本章对上一章计算得出的金融时间序列数据CSAD（羊群效应）与S_t（市场投资者情绪）进行"净化"处理，通过精细的数学运算，去除那些干扰分析准确性的噪声元素，从而确保后续网络构建过程能够基于更加清晰、纯粹的时间序列特征进行。小波分解通过分解原始时间序列为多个频率成分，使不同尺度的信息得以分离。在此基础上，通过选择性地重构去除高频噪声后的低频成分，能够实现时间序列的"降噪"处理，保留对金融市场动态分析至关重要的长期趋势和结构性特征。这一过程不仅提升了数据分析的精度，也为后续构建能够更精确反映金融市场内在规律的复杂网络模型奠定了坚实的基础。

在本书中，原始的CSAD和S_t序列可以看作两组信号值。将其通过小波分解可以得到多个不同频率的子信号，每一层分解都会产生两个分量：高频分量和低频分量，如图5-1所示。小波分解的表达式为$S = D_1 + D_2 + \cdots + D_i + C_i$，$C_i$和$D_i$分别为小波分解第$i$层的低频和高频部分，低频分量通常包含信号中的缓慢变化部分，这些部分代表了信号的主要特征或趋势。在信号处理中，低频分量往往对应信号的整体轮廓或主要信息，是信号分析的重要基础。高频分量则包含信号中的快速变化部分，这些部分通常代表了信号的细节或噪声。在信号处理中，高频分量可能包含重要的细节信息，但也可能包含大量的噪声，因此需要谨慎处理。为了达到降噪的目的，对每个子带中的小波系数进行阈值处理。由于噪声通常具有较高的频率成分，因此在高频子带中，噪声的小波系数往往较大。通过设定适当的阈值，可以将噪声的小波系数舍弃或减小，从而去除噪声。阈值的选择是小波去噪的关键部分，它需要根据信号的特性和噪声水平来确定。通常情况下，噪声较小的频带将保留，而噪声较大的频带将被丢弃或减弱。本书借鉴李铭（2023）的研究方法，将高频部分整体设置为0再重构从而实现金融序列的降噪[1]。

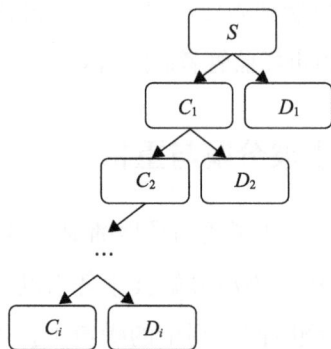

图5-1　金融时间序列的小波分解示意

离散小波变换（DWT）作为信号处理领域中的一种先进且功能强大的多尺度分析工具，展现出了其无与伦比的优越性和实用性。它能够将复杂多变的信号巧妙地分解成一系列具有不同频率和分辨率的成分，为信号的深入分析和处理提供了强有力的支持。这一过程的实现主要依赖于一组特定的小波基函数，这些函数也被称为小波滤波器。小波基函数具有独特的性质，它们的持续时间和能量都是有限的，且通常在时间和频率域上都是局部化的。这种局部化的特性使得小波基函数能够非常精准地捕捉到信号的局部特征，无论是信号的突变点、边缘信息还是细微的纹理变化，都能得到很好的体现。因此，DWT特别适合于分析那些具有非平稳性和突变性的信号，如语音、图像等。

在DWT的分解过程中，信号首先被分解为低频分量和高频分量两大类。低频分量，也被称为近似系数，通常包含信号的主要趋势或平滑部分，反映了信号的整体结构和长期变化规律。而高频分量则被称为细节系数，它们捕捉到了信号的短期变化和噪声成分，揭示了信号的局部细节和波动性。为了更深入地分析信号在不同时间尺度上的特性，DWT采用了递归的方式，不断地对低频分量进行进一步的分解。这样，信号就被逐步地分解为多个层级的近似和细节系数，形成了一个类似于金字塔的结构。在这个结构中，每一层都对应着不同的时间尺度和分辨率，从而根据需要选择适当的层级来观察和分析信号的特性。总体来说，离散小波变换以其强大的多尺度分析能力、灵活的小波基函数选择以及高效的递归分解策略，在信号处理领域发挥着越来越重要的作用。它不仅能够更好地理解信号的本质特征，还能为后续的信号处理任务提供有力的支持。

5.1.2　构建复杂网络

复杂网络（complex network）指的是那些展现出自组织、自相似、吸引子、小世界、无标度等特性中的一种或多种的网络结构。这些特性共同构成了理解现实世界复杂系统行为的关键抽象模型。在这一框架下，复杂系统中的各类实体被抽象为网络中的节点，而实体间错综复杂的关系则被转化为连接这些节点的线，即连线或边。这样的抽象方式极大地简化了对现实世界的描述，同时保留了足够的信息以揭示系统内部的动态特性和相互作用模式。自21世纪初以来，复杂网络研究的蓬勃发展受到了来自多个领域的现实网络现象的深刻启发。计算机网络，作为信息时代的基石，其拓扑结构和动态行为为复杂网络理论提供了丰富的实证支持。生物网络，如基因调控网络和神经网络，展示了生命体系中惊人的复杂性和适应性。技术网络，如互联网和物联网，揭示了人类社会的数字化进程和相互依赖的加深。大脑网络的研究揭示了认知功能的神经基础，而气候网络则揭示了地球系统内部错综复杂的相互作用。社会网络，包括人际关系网、信息传播网等，进一步丰富了人们对社会动态和集体行为的理解。

金融市场作为一个由无数投资者、金融机构、监管机构以及市场规则共同构成的复杂系统，同样展现出了复杂网络的典型特征。市场中的各个组成部分之间存在着错综复杂的相互作用和反馈机制，这些机制的非线性特性使金融市场的行为变得异常难以预测，传统的线性模型往往无法准确捕捉其动态变化。复杂网络模型，凭借其处理非线性关系和动态交互的能力，为金融市场的模拟和解释提供了新的视角和工具。通过构建金融市场的复杂网络模型，研究者能够更深入地理解市场中的信息传播、风险扩散、价格波动等现象，以及这些现象背后的深层次机制。投资者情绪，作为金融市场中的一个核心变量，其重要性不言而喻。情绪不仅影响着投资者的决策行为，还通过社交媒体、新闻报道、口头交流等多种渠道在投资者之间快速传播，形成了一种典型的网络传播现象。在这个过程中，情绪信息如同电流般在网络节点（即投资者）之间流动，可能引发连锁反应，导致市场行为的同步性或集体偏离，形成所谓的"羊群效应"。这种情绪驱动的市场行为不仅加剧了市场的波动性，还可能引发系统性风险。

本书旨在通过构建复杂网络模型，来模拟和分析投资者情绪在金融市场中的传播过程。通过引入网络科学的理论和方法，可以揭示情绪传播的内在机制，包括传播路径、速度、强度以及影响因素等。进一步地，可以探讨情绪传播如何影响市场的整体行为，包括价格发现、交易活跃度、市场稳定性等方面。这样的研究不仅有助于深化研究人员对金融市场复杂性的认识，还为市场监管者、投资者以及金融机构提供了制定策略、评估风险和优化决策的重要依据。

利用上述重构后的数据构建复杂网络，进一步分析上证50指数市场中羊群效应和投资者情绪的关系。对CSAD和S_t序列进行小波分解并重构，得到新的时间序列为newCSAD和$newS_t$，利用重构后的时间序列构建回归模型如模型（5.1）所示：

$$newCSAD_{i,t} = \alpha_i + \gamma_{i,1}|R_{m,i,t}| + \gamma_{i,2}R_{m,i,t}^2 + \gamma_{i,3}newS_{i,t} + \varepsilon_{i,t} \tag{5.1}$$

i表示第i个窗口内的回归，$newCSAD_{i,t}$和$newS_{i,t}$分别表示第i个窗口内小波重构后的羊群效应指标和市场投资者情绪指标。

基于上述模型，利用滑动窗口技术进行滚动回归。滑动窗口技术是一种用于处理数据流或数据集合的算法技术。该技术在输入数据上移动一个固定大小的窗口，以便对数据进行分析和处理。滑动窗口技术通过限制同时处理的数据量，减少了资源消耗，并提高了处理效率。在多尺度处理中，通过改变窗口的大小，可以对数据进行不同尺度的分析，以捕捉更多细节和特征。在每个窗口内进行上述回归，并将回归系数定义为新的符号序列，进而组成相关关系模态构建复杂网络。具体步骤如下。

第一步，将小波处理后的投资者情绪指标序列和羊群效应指标序列带入上述模型，滚动回归后得出一系列回归系数，将投资者情绪的一系列系数 $\gamma_{i,3}$ 可视化并分析其趋势。

第二步，将投资者情绪的系数用符号系列表示。根据上述滑动窗口回归能得到一系列投资者情绪系数 $\gamma_{i,3}$，将其依照与系数平均值的关系定义成5个层次，并用 CS_i 代表新的符号序列，划分层次的依据如下：

$$CS_i = \begin{cases} N\ (\gamma_{i,3} < a,\ \text{且}\ \gamma_{i,3}\ \text{显著，即两者强负相关}) \\ N\ (a < \gamma_{i,3} < 0,\ \text{且}\ \gamma_{i,3}\ \text{显著，即两者弱负相关}) \\ U\ (\gamma_{i,3}\ \text{不显著，即两者不相关}) \\ M\ (\gamma_{i,3} > b,\ \text{且}\ \gamma_{i,3}\ \text{显著，即两者强正相关}) \\ m\ (0 < \gamma_{i,3} \leqslant b,\ \text{且}\ \gamma_{i,3}\ \text{显著，即两者弱正相关}) \end{cases} \quad (5.2)$$

式（5.2）中，a、b 分别为所有负值和正值的均值。

第三步，定义投资者情绪指标与羊群效应指标之间的相关关系模态。本节对样本区间进行同质划分，将样本数据划分为有限个子样本，再对每个子样本内的数据进行定义，得到新的符号序列。将上述回归得到的相关关系数据通过上一步的模型转换为符号序列，并在序列中设定滑动窗口构成相关关系模态，其中滑动窗口长度选择5，将每5个符号作为1个模态，并按顺序向下滑动构建。

第四步，通过相关关系模态生成复杂网络模型。通过上述模态和序列顺序构建有向的复杂网络模型，设定复杂网络的节点由模态构成，传递关系由符号序列的顺序构成。

通过上述步骤构建复杂网络的具体流程如图5-2所示。

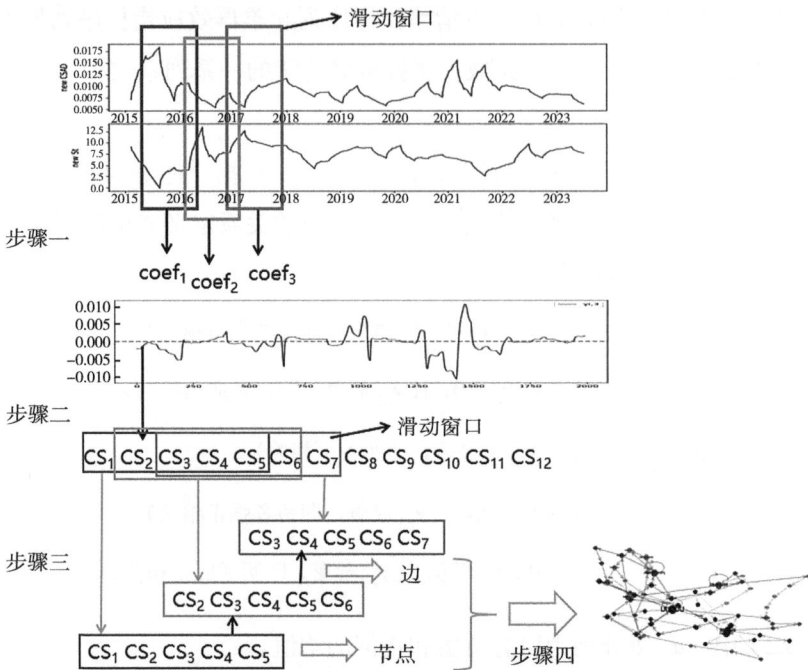

图 5-2　复杂网络构建示意

5.1.3　复杂网络拓扑指标

根据上文构建的出复杂网络后，可以通过复杂网络的拓扑指标分析各模态的关系和复杂网络动态演进关系，进而得出投资者情绪与羊群效应之间的动态变化关系。

5.1.3.1　节点的度

节点度是指和该节点相关联的边的条数。在复杂网络图中，一个节点的度反映了该节点在网络中的连接情况，即它与多少个其他节点直接相连。对于无向图，节点的度就是与该节点相连的边的数量，不区分方向。对于有向图，节点的度可以进一步细分为入度和出度。入度是指进入该节点的边的条数，即有多少条边以该节点为终点。出度指从该节点出发的边的条数，即有多少条边以该节点为起点。

节点度的计算公式可以表示为：

$$k_v = \sum_{u}^{N} a_{uv} \tag{5.3}$$

其中，k_v表示节点v的度，u表示网络中的其他节点，N表示网络中节点的总数，a_{uv}表示节点u和v之间的连通属性。如果节点u和v之间有边相连，则$a_{uv}=1$，

否则 $a_{uv}=0$。

节点度是衡量节点在网络中重要性的一个关键指标。节点的度越高，表示该节点与其他节点之间的联系越多，从而可能在网络中扮演更重要的角色。例如，在社交网络中，一个节点的度越高，意味着该用户与越多的其他用户相连，可能具有更高的社交影响力。

节点度广泛应用于多个领域，包括但不限于以下几个方面：①社交网络分析，用于识别网络中的关键人物或重要节点。②复杂网络研究，帮助理解网络的结构和动态行为。③生物信息学，在蛋白质相互作用网络、基因调控网络等中分析节点的中心性和重要性。④推荐系统，根据用户的连接情况（即节点度）来推荐可能感兴趣的内容或用户。本节通过节点度研究羊群效应与投资者情绪相关关系的复杂网络中二者的动态变换关系。

5.1.3.2 聚类系数

聚类系数是指一个网络中，连接一个节点的邻居节点之间实际连边数与可能的最大连边数之比。它衡量了一个节点的邻居节点之间的连接密度，即反映了局部网络的聚集程度。

聚类系数的计算公式通常分为两种：

局部聚类系数。针对单个节点 v，其聚类系数 C_v 的计算公式为：

$$C_V = \frac{2E_V}{k_v(k_v-1)} \tag{5.4}$$

其中，E_V 表示节点 v 的邻居节点之间实际存在的边数，k_v 表示节点 v 的度。分母 $k_v(k_v-1)/2$ 表示节点 v 的邻居节点之间可能存在的最大边数（即从 k_v 个节点中任选两个进行连接）。

全局聚类系数。整个网络的聚类系数可以是所有节点局部聚类系数的平均值，但不同网络可能有不同的定义方式。例如，一种常见的全局聚类系数定义为：

$$C = \frac{1}{N}\sum_{v \in V} C_v \tag{5.5}$$

其中，N 表示网络中节点的总数，V 表示节点集合。

聚类系数作为衡量网络局部聚集程度的重要指标，对于理解网络的结构和功能具有重要意义。通过分析聚类系数，可以揭示网络中的社区结构、预测节点的重要性、评估网络的稳定性和鲁棒性等。因此，聚类系数在复杂网络领域受到了广泛的关注和研究。若计算得出高聚类系数，则表示网络中节点之间紧密连接，形成紧密的社区或群组。这有助于信息的快速传播和资源的共享。若得出低聚类系数，表示网络中节点之间的连接相对稀疏，节点之间缺乏紧密的聚集性。这可能导致信息传播缓慢或资源分布不均。

聚类系数在多个领域都有广泛的应用，包括但不限于以下几个方面：①社交网络分析，用于描述人际关系网络中的群体结构和信息传播规律。高聚类系数可能表示存在紧密的社交圈子或社群。②生物网络分析，用于研究生物体内的分子相互作用关系，揭示生物系统的模块化结构。聚类系数可以帮助科学家理解生物网络中的复杂相互作用。③物流网络分析，用于优化货物的运输路径和提高物流效率。聚类系数可以反映物流网络中节点的聚集程度和运输效率。本节通过聚类系数分析羊群效应与投资者情绪相关关系的复杂网络中节点的聚集程度及群体结构。

5.1.3.3　网络直径和平均路径长度

网络直径是指网络中任意两节点间距离的最大值。这个距离通常用链路数来度量，即任意两台终端之间连接时通过的交换机数目的最大值。平均路径长度或称为网络的特征路径长度或平均距离，是指网络中任意两个节点之间距离的平均值。这里的距离通常指的是最短路径上的边的数量，也称为测地距离或跳跃距离。在实际应用中，为了避免计算时出现的发散问题（即两个节点之间不存在连通的路径），通常把网络平均路径长度定义为存在连通路径的节点对之间的距离的平均值。网络直径和平均路径长度是衡量网络规模和复杂性的一个重要指标。

平均路径长度 L 的计算公式为：

$$L = \frac{2}{N(N+1)} \sum_{i \geqslant j} d_{ij} \tag{5.6}$$

其中，N 为网络节点数，d_{ij} 为节点 i 和节点 j 之间的最短路径长度。

网络直径的大小直接关系到网络的性能和稳定性。网络直径越小，意味着网络中任意两点之间的传播路径越短，数据传输的效率越高，网络的稳定性也越好。平均路径长度可以反映网络中节点之间的紧密程度或分离程度。平均路径长度越小，说明网络中节点之间的联系越紧密，信息的传播速度越快。尽管许多实际的复杂网络的节点数巨大，但网络的平均路径长度却往往小得惊人，这就是所谓的小世界现象。

网络直径和平均路径长度都是衡量网络性能的重要指标。网络直径反映了网络中任意两点之间的最大传播距离，而平均路径长度则反映了网络中节点之间的平均传播距离。两者共同影响着网络的性能、稳定性和数据传输效率。本节通过这两个指标分析复杂网络的周期性特征，并进一步得出投资者情绪与羊群效应之间关系变化的传播周期，从而为预测股票市场的羊群效应提供有力依据。

5.1.3.4 介数

介数通常分为节点介数和边介数两种。节点介数为网络中所有最短路径中经过该节点的路径的数目占最短路径总数的比例。它反映了节点在网络中作为"桥梁"的重要性，即节点在连接不同部分网络时所起的作用。边介数为网络中所有最短路径中经过该边的路径的数目占最短路径总数的比例。它同样反映了边在网络中的中介作用。

计算介数的方法主要有精确算法和近似算法。精确算法能够准确计算出网络中每个节点或边的介数，但计算复杂度较高，适用于规模较小的网络。近似算法则通过抽样或简化网络结构来估计介数值，计算速度较快，但可能存在一定的误差。计算复杂网络节点介数常用的公式为：

$$B(v) = \frac{1}{(N-1)(N-2)} \sum_{s \neq v \neq t} \frac{\sigma_{st}(v)}{\sigma_{st}} \tag{5.7}$$

其中，$B(v)$ 表示节点 v 的介数中心性，N 是网络中的节点总数，σ_{st} 表示从节点 s 到节点 t 的最短路径数量，$\sigma_{st}(v)$ 表示这些最短路径中经过节点 v 的路径数量。边介数的计算公式类似。

介数在网络分析中具有重要意义，它可以帮助识别网络中的关键节点或边，这些节点或边对于网络的连通性、信息传输和稳定性具有重要影响。具体来说，介数高的节点或边在网络中扮演着重要的中介角色，它们能够连接网络的不同部分，促进信息的快速传播和资源的有效分配。

介数的应用广泛，包括但不限于以下几个方面：①社交网络分析。在社交网络中，介数高的用户往往是信息传播的关键节点，他们的言行和态度能够影响整个网络的舆论走向。②交通网络规划。在交通网络中，介数高的路段或交通枢纽往往是交通流量的瓶颈，通过优化这些节点或路段的交通组织，可以提高整个交通网络的运行效率。③生物网络研究。在生物网络中，介数高的分子或基因可能是生物过程的关键调控因子，对于理解生物系统的功能和机制具有重要意义。本节通过计算复杂网络中各节点的介数并排序，找出影响网络传播关键节点，进而得出投资者情绪与羊群效应相关关系网络中的过渡节点，并进一步将节点介数和度综合分析，得出影响二者关系变换的重要节点。

5.2　数据说明

本部分研究数据选取的时间范围为 2015 年 2 月 10 日至 2023 年 6 月 30 日，所采用的数据包括中国上证 50 指数成分股的日交易数据，以及中国股吧的日评论数据。其中，日交易数据获取自国泰安数据库（CSMAR），日评论数据来源于中国研究数据服务平台（CNRDS）中的中国股吧评论数据库（GUBA）。

本章通过中国股吧评论数据获取上证 50 指数各成分股的投资者情绪，从数据库中提取市场投资者情绪的方法和第 4 章相同。中国股吧评论数据库（GUBA）是一个基于我国网络股吧论坛中上市公司的帖子评论进行统计研究而建立的专业性财经文本数据库。数据库不仅统计了发帖总量、阅读总量和评论总量，还采用机器学习方法对每个帖子的正面、负面和中性情感进行判断，统计了正面、负面和中性帖子总量。GUBA 数据库在学术研究、市场分析、投资者情绪监测等方面具有广泛的应用价值。在处理投资者情绪数据时，剔除了未开盘日期的股吧评论，删除多余数据，经过加权处理得到共 2039 个样本数据。本章选取的羊群效应指标数据仍是前文计算得出的，只是对其进一步进行小波处理。

5.3　实证分析

5.3.1　小波处理

使用 Python 的 PyWavelets 库对原始的两列序列进行离散小波变换（DWT），将其分为 6 层，即信号将被分解到 6 个不同的频率，级别层数越多，分析就越细致，但计算量也会相应增加。在处理经济金融领域的时间序列数据时，选择合适的小波基函数对于提取数据中的隐藏特征、识别趋势和周期性模式至关重要。在众多小波基函数中，Daubechies（db）小波因其独特的数学特性和广泛的应用优势而备受青睐。db 小波以其良好的正交性、对称性或近似对称性以及紧支性著称。正交性确保了分解后的各层系数之间相互独立，减少了信息冗余；对称性或近似对称性则有助于避免相位失真，这对于保持信号的形状和特征至关重要；紧支性则意味着小波函数在有限区间内非零，这有助于实现局部分析和计算效率。此外，db 小波还具有良好的正则性，这有助于减少重构信号时的吉布斯现象，提高信号处理的平滑度。正则性越高，小波的光滑性越好，对信号的逼近能力也就越强。因此，在处理经济金融时间数据时，db 小波作为小波基函数的选择，能够有效提取时间序列中的高频和低频成分，揭示数据的内在结构，为进一步的金融分析和预测提供有力的支持。

本节选取 db2 作为小波基函数，最终得到的分解图如图5-3和图5-4所示，其中第一行为原始数据，第二行A0为逼近部分，D1到D6表示6层细节部分。

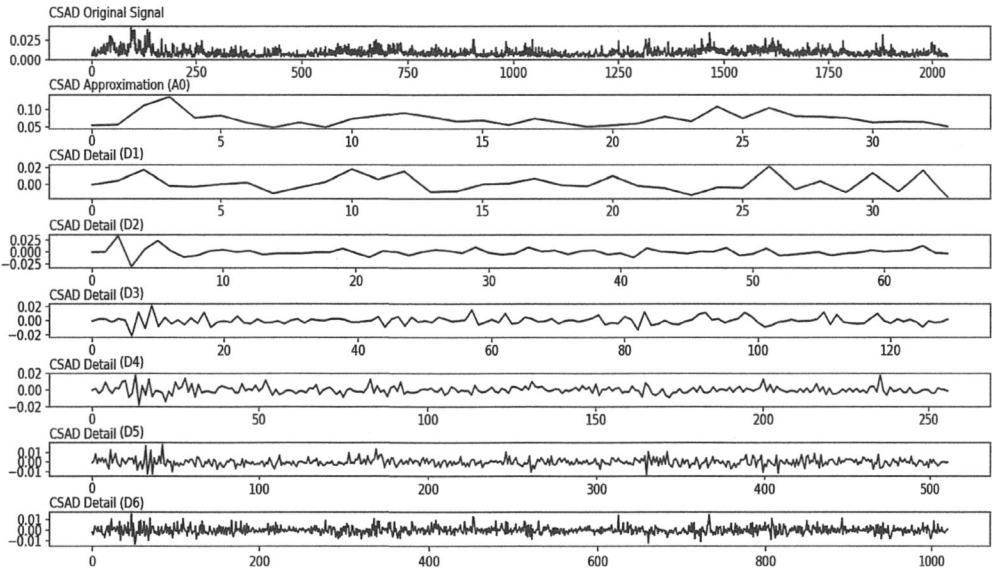

图 5-3　羊群效应指标序列的小波分解图

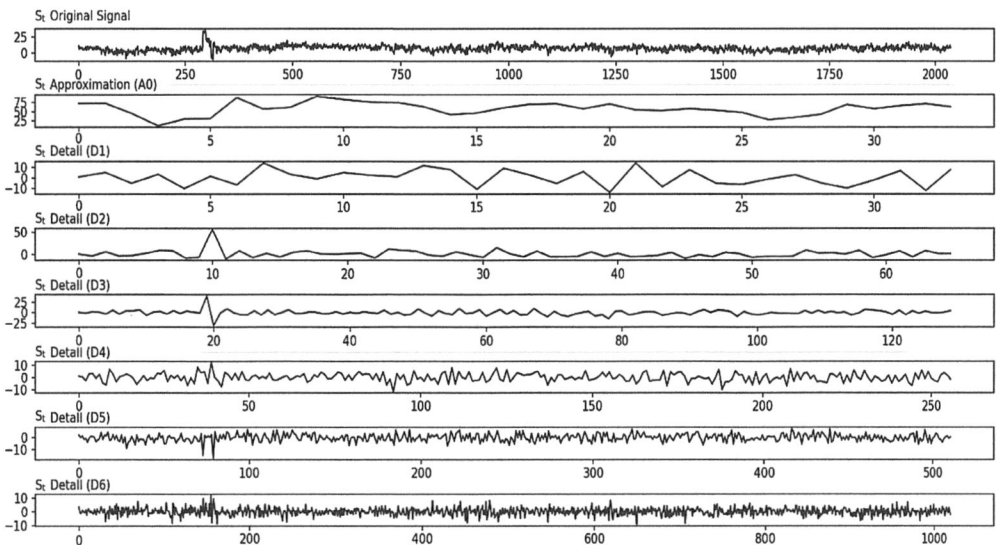

图 5-4　市场投资者情绪指标序列的小波分解图

　　在对原始数据进行小波分解后，将分解后数据的高频部分设置为0，重构得到新的金融时间序列[1]，分别记为newCSAD和newS$_t$，将重构后的时间序列与原始数据进行对比，如图5-5和图5-6所示，从图中可以看出，处理后的时间序列与原始序列的趋势一致，小波分解重构这一过程有效去除了信号中的噪声，使重构后的时间序列更加平滑，突出了长期趋势和特征，同时减少了数据波动，提高了信号质量。通过去噪，新的时间序列更能反映指标背后的真实动态，为后续的分析和研究提供了更为准确和稳定的数据支撑。

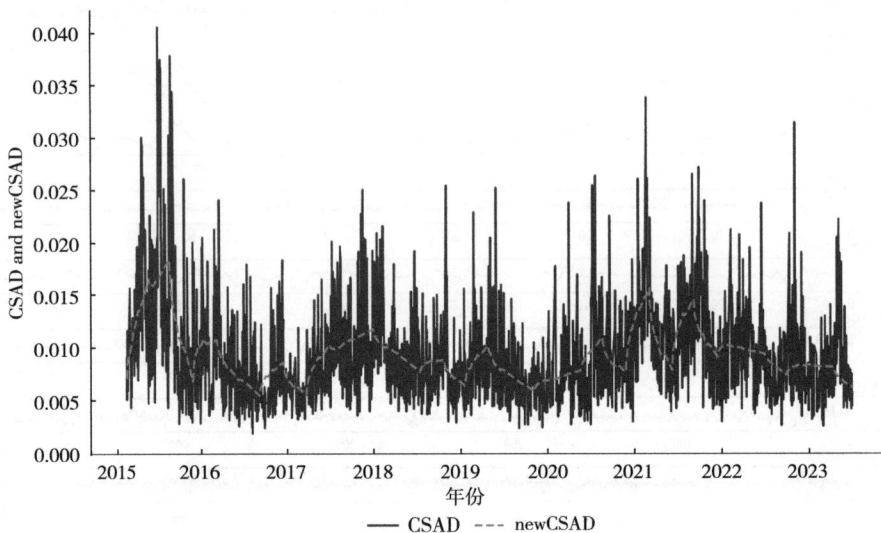

图 5-5　小波重构后得到的 CSAD 和 newCSAD

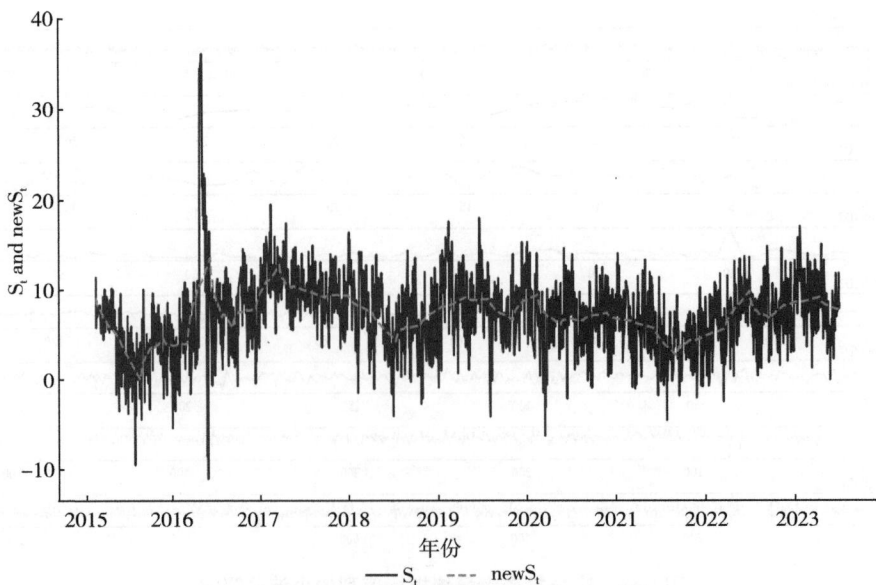

图 5-6　小波重构后得到的 S$_t$ 和 newS$_t$

5.3.2 构建复杂网络模型

使用重构后的数据进行滑动窗口为5的滚动回归,回归得出投资者情绪影响羊群效应的数据。

在进行回归之前先确定滑动窗口的长度,不同滑动窗口长度下构建的复杂网络的平均路径长度和网络密度等指标不同,节点数量和边的数量一般会随着窗口长度的增加而增加,不是确定最佳窗口长度的关键因素,因此本书选取平均路径长度和网络密度作为确定因素,不同滑动窗口长度下构建复杂网络的平均路径长度和网络密度分别如图5-7所示。较短的平均路径长度通常表示网络中的节点之间连接更加紧密,信息或资源在网络中的传播可能更加高效。然而,过短的平均路径长度也可能意味着网络中存在大量的冗余连接,这可能会增加维护成本或降低系统的鲁棒性。网络密度是衡量网络中连接紧密程度的一个指标。较高的网络密度通常表示节点之间的连接更加紧密,但也可能导致网络过于复杂和难以管理。相反,过低的网络密度可能意味着网络中存在大量的孤立节点或节点群组,这可能会降低网络的连通性和效率。

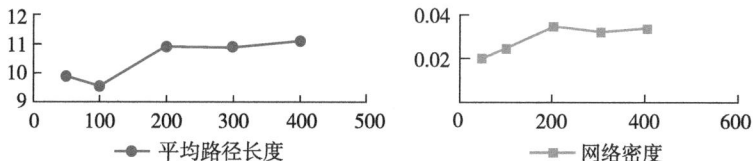

图 5-7 敏感性分析

因此,本节选取滑动窗口长度为50,步长为1进行回归。滚动回归得到的系数如图5-8所示,从图中可以看出,投资者情绪与羊群效应指标之间的关联性展现出一种动态演变的特性,其主流趋势为负相关,这一结果与第4章的论述相吻合。随着时间的推移,市场信息的透明度逐渐提高,投资者能够获取更多关于市场和个股的详细信息。这有助于投资者进行更全面的分析和判断,减少盲目跟风和从众行为。因此,在长期条件下,投资者情绪对羊群效应的影响逐渐减弱,可能出现负相关的情况。从长期来看,价值投资理念逐渐深入人心。投资者更加注重基本面分析和长期投资价值,而非短期市场情绪的变化。这种投资理念的转变有助于降低羊群效应的影响,使投资者的行为更加理性和独立。随着金融市场的不断发展和完善,市场结构逐渐优化。机构投资者和专业投资者的比例增加,他们通常具备更强的分析能力和更理性的投资理念。这些投资者的行为对市场情绪和羊群效应产生一定的制衡作用，有助于降低市场情绪对羊群效应的长期影响。

随着滑动窗口的调整，两者间也存在着正向相关的阶段性特征。总体来说，投资者情绪与羊群效应之间并非一成不变的单一关系，而是呈现出一种复杂多变的、正负交替的动态平衡状态。这种关系既受到市场情绪、信息不对称、风险规避等短期因素的影响，也受到理性回归、价值投资理念普及、市场结构优化等长期因素的影响。因此，在不同的时间段内，投资者情绪对羊群效应的影响可能表现出不同的方向和程度。具体来说，在短期内，市场情绪和从众心理等因素可能占据主导地位，导致投资者情绪对羊群效应产生正向影响；而在长期内，随着信息透明度的提高、价值投资理念的普及和市场结构的优化等因素的作用逐渐显现，投资者情绪对羊群效应的影响可能逐渐减弱甚至转为负向。

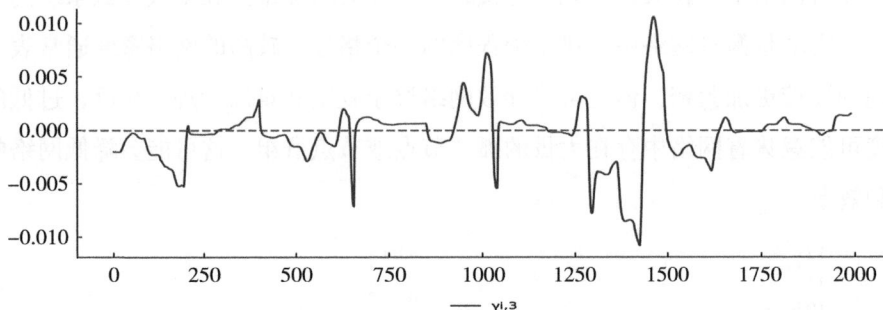

图 5-8　滚动回归得到的系数

将上述回归中得到的一系列系数按照模型（5.1）进行转化，形成包含1990个符号的序列。为了更直观地理解这一序列的特性，将符号序列的分布情况进行可视化，如图5-9所示，结果显示，该序列中的符号分布并不均匀。具体来说，在上述滑动窗口回归中，羊群效应指标和市场投资者情绪指标间存在显著负相关的概率的和为$N+n$=52.2%，存在显著正相关关系的概率的和为$M+m$=42.3%，二者不存在显著相关关系的概率为U=5.6%，说明上证50指数成分股市场中投资者情绪与羊群效应之间显著的负相关关系占据了主导地位，而显著的正相关关系次之，二者之间的动态平衡以及少数情况下的无显著相关性共同构成了市场行为的一个复杂而有趣的图景。

设置步长为1、窗口长度为5的滑动窗口，进一步分析上述滚动回归得到的1990个符号序列，以每5个连续符号作为一个模态单元，通过连续的模态单元序列展示了市场投资者情绪与羊群效应随时间的演变趋势。将这些相关模态作为复杂网络的节点，节点之间的边按照模态生成的顺序从上到下连接，即相邻的模态之间建立有向边，得到模态间的有向连边 $\{CS_1\,CS_2\,CS_3\,CS_4\,CS_5 \rightarrow CS_2\,CS_3\,CS_4\,CS_5\,CS_6 \rightarrow CS_3$

$CS_4\ CS_5\ CS_6\ CS_7 \rightarrow \cdots\cdots$}。如果序列中存在重复的模态，那么在网络图中这些重复的模态将只会被视为一个节点，经过上述滑动窗口技术简化后得到67个不相同的模态。本节构建的相关关系复杂网络如图5-10所示，节点的大小直接反映了其度，即该节点在网络中的连接数量。

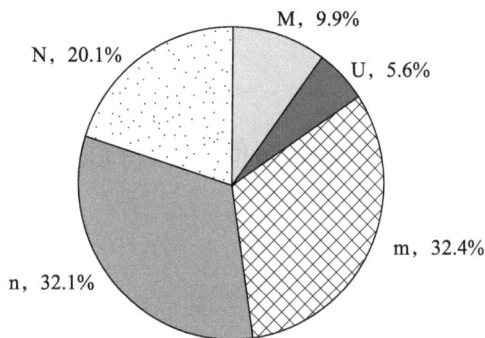

图 5-9　相关关系量化占比

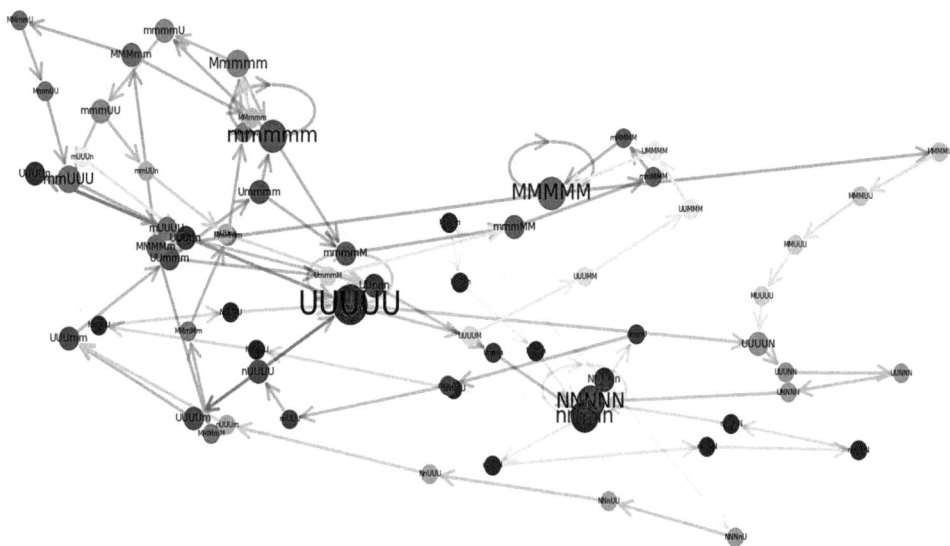

图 5-10　羊群效应与投资者情绪相关关系复杂网络

在上述复杂网络的可视化中，一个显著的特点是节点规模的分布不均，呈现出少数大节点与众多小节点共存的格局。进一步分析通过滑动窗口技术构建的模态时，理论上预期能生成$5^5=3125$种不同的模态组合（基于窗口大小为5，且假设每个数据点都是唯一的），但实际上仅观察到了67种独特的模态。这一显著差异揭示了上证50指数成分股市场中羊群效应与投资者情绪之间关系的高度集中性，少数关键模态在动态演化中占据了主导地位，促使其他多样化的模态向其靠拢。

此现象不仅体现了系统内部的自组织特性，还揭示了羊群效应与投资者情绪动态相互作用中的深刻规律性。这些关键模态可能代表了市场情绪变化的典型模式，其间的转化路径和特征对于深入理解市场行为、监测潜在的市场异常以及预测羊群效应的发展具有重要的现实意义和应用价值。因此，深入研究这两者之间相关关系模态转化的具体机制与特征，将为金融市场的监管、风险管理以及投资策略的制定提供有力的理论支撑和实践指导。

5.3.3 羊群效应与投资者情绪间动态特性分析

5.3.3.1 节点度分析

本节构建的复杂网络由67个节点构成，其节点强度分布呈现出显著的不均衡性。其中只有1个节点强度为9的节点，4个节点强度为6的节点，节点度分布的具体情况如图5-11所示，由图中可得，该复杂网络的显著特征为高强度节点稀缺，而低强度节点则广泛存在。

为了深入探究羊群效应与投资者情绪之间关系的复杂网络结构，本节采用了最小二乘法对节点度的双对数曲线进行了回归分析。分析结果显示，二者之间的关系可以较好地由回归方程 $y = -2.734x + 4.300$ 来描述（如图5-10中蓝色虚线所示），该方程的拟合优度指标 R^2 达到了0.798，显示出较高的拟合精度和可信度。幂律分布，也称为帕累托分布，是一种广泛存在于社会经济现象中的统计规律。其特点是大多数事件的规模很小，而只有少数事件的规模相当大，呈现出一种"长尾"现象。在复杂网络中，幂律分布表现为节点的连接度（或称为度分布）极不均匀，少数节点拥有大量的连接，而大多数节点则只有很少的连接。上述结果印证了该复杂网络遵循幂律分布的原则，其幂指数为2.734，幂律分布的存在意味着少数关键节点在网络中占据主导地位，而大多数节点则处于相对边缘的位置。在无标度网络中，幂指数的大小直接反映了幂律分布的强度，而当前网络中幂指数的值表明其属于幂律分布较为显著但非极端的情况。幂指数小于或等于3的网络通常被视为非均匀网络，在非均匀网络中，节点的度分布高度不均衡。这意味着存在少数几个节点拥有大量的连接，而大多数节点则只有少量的连接。这种现象在羊群效应与投资者情绪的复杂网络中可能表现为，少数投资者群体对整体市场情绪和羊群行为具有显著影响。

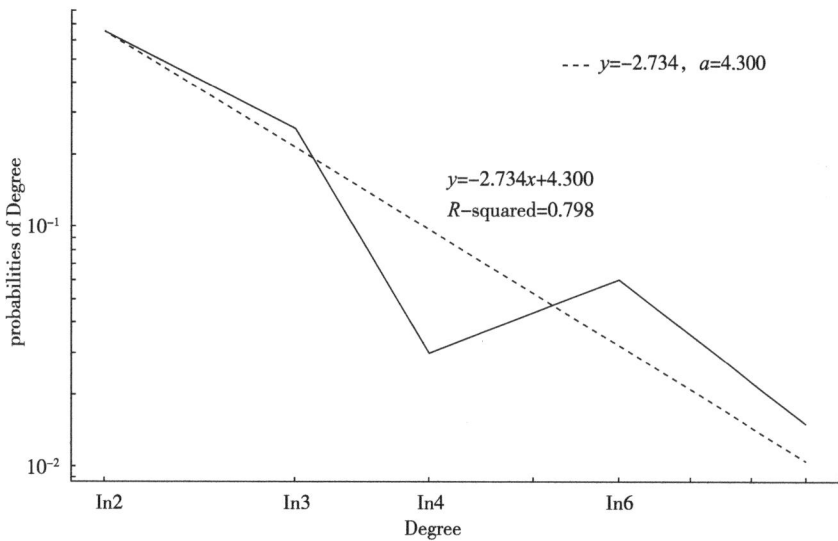

图 5-11 节点强度双对数图

在非均匀网络中，由于少数关键节点的存在，羊群效应可能更容易被放大。当这些关键节点（如大型机构投资者或知名分析师）表现出某种投资倾向时，他们的行为可能会被大量散户投资者模仿，从而引发市场的同向波动。投资者情绪与羊群效应之间的关系在网络中的传播也呈现出非均匀性。积极的投资者情绪可能首先由少数关键节点产生，并通过网络迅速传播至其他节点，形成市场整体的情绪氛围，进而对羊群效应产生影响。相反，消极的投资者情绪也可能以类似的方式在网络中扩散。非均匀网络中的羊群效应和投资者情绪相互作用可能加剧市场的波动性。当市场情绪趋于一致时，投资者可能采取相似的投资策略，导致市场出现过度反应或价格泡沫。这可能会降低市场的稳定性，增加系统性风险。此外，对于监管部门而言，非均匀网络中的羊群效应和投资者情绪相互作用增加了监管的难度。监管部门需要密切关注网络中的关键节点和情绪传播路径，以便及时发现并应对潜在的市场风险。

表5-1按照节点强度的大小，列出节点强度排在前5的节点，从表中可以看出（U，U，U，U，U）的节点强度最大为9，（N，N，N，N，N）等4个的节点强度均为6[1]。这一观察结果不仅揭示了投资者情绪与羊群效应之间关系的多样性，还暗示了两者间关系的动态演变特性。通常认为两者之间存在普遍的负相关关联，但上述研究结果显示正相关同样在它们的关系中扮演了不可忽视的角色。这种关系的复杂性体现在，短期内，投资者情绪与羊群效应之间的相关性并非固定不变，而是频繁

地在正负之间转换，展现了市场行为的高度不确定性和难以预测性。

基于上述结论，可以向监管部门提出新的视角：鉴于投资者情绪与羊群效应之间关系的动态性和复杂性，监管措施应当更加灵活且高频。此外，通过有效的市场预期管理，如增强信息透明度、稳定政策信号以及教育投资者等方式，可以减少市场情绪的剧烈波动，为股票市场的平稳运行创造更有利的环境。这样的策略不仅有助于保护投资者的利益，还能促进市场的长期健康发展。

表5-1　部分节点度排序

节点	度
(U, U, U, U, U)	9
(N, N, N, N, N)	6
(n, n, n, n, n)	6
(m, m, m, m, m)	6
(M, M, M, M, M)	6

5.3.3.2　聚类系数分析

本节选取聚类系数作为体现网络内部节点间连接紧密程度的关键指标，探讨上述相关关系复杂网络的结构特征，计算得出复杂网络中的平均聚类系数为0.022。聚类系数不为0的节点表示其邻居之间存在一定程度的连接，即这些节点形成了一个相对紧密的子群，本书网络中存在10个不为0的节点，此外，网络的平均聚类系数较小，这10个不为0的节点聚类系数都大于平均系数，这明确指出了网络中存在局部高度聚集的现象，即这些节点间的相互影响较之于整体网络更为显著。然而，此类高聚类系数的节点占比较低，也映射出羊群效应与投资者情绪之间关系的复杂性与非均匀性。

进一步分析，表5-2这10个聚类系数的节点依据其符号可大致归类为两种：弱正相关和无显著相关，这说明投资者情绪与羊群效应之间存在短期正相关。在短期内，市场情绪往往较为集中和强烈，投资者容易受到市场氛围的感染，产生从众心理。当市场情绪高涨时，投资者倾向于跟随市场的热点和趋势进行投资，从而加剧羊群效应的形成。这种情绪驱动的投资行为在短期内会增强羊群效应。金融市场中，信息传播速度很快，但投资者之间的信息获取和处理能力存在差异。部分投资者在短期内可能缺乏足够的信息以做出独立判断，因此更倾向于跟随其他投资者的行为。这种信息不对称和快速决策的需求也促进了羊群效应在短期内的增强。面对市场的不确定性,投资者往往希望降低自身的风险。在短期内模仿其他投资者的行为被视为一种相对安全的策略,因为这种行为似乎得到了市场的验证。因此,投资者情绪与羊群效应之间在短期内存在正相关关系。

市场结构(如市场集中度、投资者类型分布等)和参与者行为(如风险偏好、投资期限等)可能会影响聚类系数的分布。例如,如果市场中存在大量的独立投资者或机构投资者,他们可能更倾向于基于自己的分析做出决策,而不是盲目跟随市场情绪,这可能导致不相关的节点聚类系数较大。这也能表示投资者情绪与羊群效应存在动态复杂的关系,这一结论对以后研究羊群效应的群发性具有一定的参考价值和帮助。

在实践中,鉴于投资者情绪的前瞻性特质,它能够预示市场对未来趋势的普遍预期。这一特性为监管者提供了宝贵的视角,即通过监测投资者情绪与股市中羊群效应之间的动态关系,来预测并管理羊群行为的潜在爆发。监管者能够利用这种关联性,预先制定策略以应对投资者情绪与羊群效应相互转换时可能引发的群发行为,从而有效减少系统性风险发生的概率,保障市场的稳定与健康发展。

表5-2 部分节点聚类系数

节点	聚类系数	节点	聚类系数
(U, U, U, U, U)	0.0476	(U, m, m, m, m)	0.1667
(U, U, U, U, n)	0.1667	(m, m, m, m, M)	0.1667
(n, U, U, U, U)	0.1667	(m, U, U, U, U)	0.1667
(m, m, m, m, m)	0.1667	(m, U, U, U, U)	0.1667
(U, U, U, U, m)	0.1667	(M, m, m, m, m)	0.0833

5.3.3.3 转换周期分析

在本章构建的复杂网络中,聚焦于羊群行为与投资者情绪之间的动态相互作用,其网络直径为23,而平均路径长度则为9.870。鉴于数据基于日频采集,揭示出羊群行为与投资者情绪间相关模式的最长转换周期约为23日,并且这种相关性在9~10天就会发生显著变化。这一发现从理论层面印证了两者间存在显著的短程相关性特征,即它们之间的关联性变化较为迅速且频繁。

从实际市场环境的角度出发,中国股市以其庞大的散户群体著称,这些投资者在交易活动中展现出高度活跃的特点,频繁地进行买卖操作。而在有新的信息出现时,大部分投资者会先用一小部分股票进行交易,这种前置行为进一步加剧了股市中羊群效应与投资者情绪间关系的动态波动。实证观察与理论分析相结合，共同揭示出股票市场投资者情绪与羊群效应之间的复杂变动性。

另外，根据平均路径长度可以得出该网络有周期性变化，即投资者情绪与羊群效应的关系有某种周期性变化，这一发现为股市羊群效应的前瞻预测奠定了坚实的基础。基于此，中国股市的监管机构能够更有效地利用这一周期性特征，对羊群效应的动态变化实施精准监测，从而维护市场的稳定与健康发展。通过将羊群行为与投资者情绪指标之间存在的联系与上述周期性规律相结合，可以为预测市场上的羊群行为提供更为全面和准确的视角。这样的预测方法不仅能够捕捉羊群效应的变化趋势，还能在一定程度上提前预警潜在的市场风险，为投资者和监管机构提供宝贵的决策参考。

5.3.3.4 过渡模态分析

介数可以用于识别网络中的关键节点，即对网络的传播、通信和连接起着重要作用的节点。这些节点通常是信息传播的关键枢纽。介数高的节点在网络中通常扮演着信息传递的桥梁角色。当信息或资源在网络中流动时，这些节点往往是必经之地。因此，如果网络中的信息流动或资源分配处于变化之中，介数高的节点可能会更频繁地参与到这种变化过程中，从而表现出一种过渡阶段的特征。通过计算上述复杂网络中节点的介数可以识别在上证50成分股市场中，投资者情绪与羊群效应的复杂网络中起到过渡作用的节点。通过计算得到这67个节点的介数，其中介数最大的前5个节点如表5-3所示。

将节点介数和节点度综合考虑，表5-3中的5个节点的节点度也较大，这显示节点度大的节点同时也具有过渡作用。高度节点由于其广泛的连接性，更容易成为信息传播、资源流动或影响力扩散的中心。这些节点在网络中的位置和功能对于网络的整体性能和稳定性具有重要影响。此外，连续的5个不相关关系组成的节点拥有最大的节点度，这表明其具有较大的过渡作用，从表中可以得出，当市场投资者情绪与羊群效应长时间处于不相关关系时，其关系可能将要发生改变，通过这一关系有利于发现二者关系的变动情况。因此，准确识别并关注此类节点，为预测羊群效应与投资者情绪间未来关系提供了宝贵的信息。

对于金融监管机构而言，识别并跟踪具有高介数的节点至关重要。结合这些节点所反映的关系模态的周期性规律，不仅能够增强对未来阶段两者关系变化的预测能力，还可以精确估算羊群效应强度可能发生显著变化的时间窗口。这一研究结果使监管机构能够采取前瞻性的策略，通过提前布局，有效降低后续可能出现的羊群效应强度，从而维护市场的稳定与健康发展。

表5-3　部分节点介数排序

节点	介数
(U, U, U, U, U)	18.34
(N, N, N, N, N)	13.60
(M, M, M, M, M)	13.23
(n, n, n, n, n)	10.80
(m, m, U, U, U)	10.49

5.4　本章小结

复杂网络是由大量节点和边组成的网络结构，在金融市场中，这些节点可以代表投资者、金融机构或市场中的其他参与者，而边则代表这些节点之间的相互作用和联系。复杂网络能够很好地反映金融市场中信息、情绪和行为的传播过程。投资者情绪是指投资者在金融市场中对资产定价的预期偏离理性期望的程度。这种情绪可以通过多种指标进行构建和度量，如股市成交量、市盈率、新增开户数等。此外，还可以采用综合性指标，如投资者情绪指数，来全面反映市场情绪的变化。羊群效应是指投资者在面临不确定性和信息不对称时，更倾向于跟随他人的投资决策，导致市场出现集体行为的现象。在金融市场中，羊群效应表现为投资者同向买卖股票，导致市场价格的过度波动。

在复杂网络中，投资者情绪通过节点之间的边进行传播。当一个节点的情绪发生变化时，这种变化会沿着网络路径扩散到其他节点，从而影响整个市场的情绪状态。情绪的传播速度和范围取决于网络的拓扑结构和节点的性质。通过研究投资者情绪与羊群效应之间关系的动态变化，可以更加深入地理解金融市场的运行机制和行为特征。这种研究有助于投资者和监管机构更好地把握市场情绪和预测市场走势，从而制定更加科学合理的投资策略和监管政策。建议未来的研究可以进一步探索不同网络拓扑结构下投资者情绪与羊群效应的关系变化特征以及它们对金融市场稳定性的影响机制。同时，也可以结合计算机仿真技术和大数据分析方法来提高研究的准确性和可靠性。

本章利用复杂网络技术，将投资者情绪与羊群效应之间的动态特性映射至多个独立而相互关联的模态上。这一转化不仅深化了对两者间复杂动态关系的理解，还将其研究从直接的回归分析转向了模态间的动态分析。这一网络模型的构建与分析，实质上是对羊群效应与投资者情绪关系动态演变过程的研究分析。本章对股市羊群效应和投资者情绪关系的研究，有助于帮助证券监管部门更加精准地把握市场情绪波动的根源与传导机制，从而制定出更为科学、有效的市场稳定策略与系统性风险防控措施。本节研究结论如下：

首先，本书通过投资者情绪与羊群效应的相关系数序列得出，二者在长期主要表现为负相关关系，但短期也会出现间断的正相关关系。这进一步显示出研究二者动态关系的必要性。监管部门在监控市场羊群行为时，也应优先考虑采用动态模型，以更贴近市场实际状况，确保监管措施的有效性和及时性。

其次，羊群效应与投资者情绪间的相关性展现出鲜明的周期性特点，且这种相关性在短期内尤为显著，平均而言，每9～10天二者的相关关系便会发生变化。这频繁变动的特性与投资者在股票市场的交易有些相同，也为监管者提供了宝贵的参考依据。监管机构可以充分利用这一周期性特征，结合市场上的投资者情绪变化，实施定期监测，以便在羊群效应增强或减弱的关键时刻，通过宏观市场调控及时控制羊群行为，来保持市场的可控性。

最后，羊群效应与投资者情绪之间关系的演变，通过一系列特定的模态转换来实现，该复杂网络中介数最大的5个节点（U，U，U，U，U），（N，N，N，N，N），（M，M，M，M，M），（n，n，n，n，n），（m，m，U，U，U）可能在股票市场中发挥一定的过渡作用，监管部门可以通过注意这几个相关关系时刻进一步研究二者关系变动的规律。将这一策略与周期性特征相结合，监管部门能够有效地观测并及时调控金融市场的变化。

6 结论与建议

6.1 研究结论

在当前金融市场环境下，羊群效应作为一种广泛存在的市场现象，其负面影响不容忽视。本书基于CCK模型这一先进的理论框架，结合动态交互分析的创新视角，对股票市场中的羊群效应进行了全面而深入的剖析。这一综合性研究方法不仅涵盖了羊群效应的静态特征，还进一步探索了其动态演变规律，旨在揭示羊群行为在不同市场条件下的表现形态及作用机制。

在静态分析层面，本书利用CCK模型衡量了特定时期内上证50指数成分股之间的羊群效应强度。通过构建横截面绝对偏离度与市场收益率之间的非线性关系模型，揭示了羊群效应的存在及其对市场整体波动性的贡献。这一发现为理解市场参与者在信息不对称条件下的行为趋同现象提供了新的视角。此外，还重点探讨了市场投资者情绪对羊群效应的影响。在市场上涨阶段，羊群行为往往更为显著，市场波动性也随之增加；而在市场低迷阶段，羊群效应则可能减弱，市场趋于稳定。为了验证这一假设，本书构建了投资者情绪指标，并将其纳入羊群效应的分析框架中。通过实证分析发现，投资者情绪确实对羊群效应具有显著的影响，这为股市风险管理提供了新的思路和方向。最后，本书通过替换关键解释变量和样本区间的方法进行稳健性检验，使本书得出的研究结论更加稳健可靠。

在动态研究层面，本书创新性地引入了复杂网络模型这一新型分析工具，全面而深入地剖析上证50指数成分股市场中市场投资者情绪与羊群效应之间动态关系的变化路径与周期。这一模型通过构建高度精细化的网络结构，将上证50指数成分股的市场情绪与市场中的羊群行为紧密相连，形成一张错综复杂但逻辑清晰的关联网络图。通过复杂网络模型的应用，本书揭示了羊群效应在股市中传播的几个关键动态特征。进一步地，基于复杂网络模型的分析结果，深入探讨了影响整个市场走势的要素。这些要素包括市场参与者的风险偏好、信息获取能力、交易行为特征以及宏观经济环境等。通过对这些要素的综合考量，本书揭示了羊群效应在市场走势形成和演变过程中的重要作用，为投资者提供了更为全面和深入的市场洞察。这一分析不仅加深了对投资者情绪与羊群效应之间关系动态变化过程的理解，还为制定有效的市场干预策略提供了科学依据。本书得出的主要结论如下。

6.1.1 投资者情绪影响羊群效应的静态研究结论

基于对上证50指数成分股市场的静态分析,可以明确观察到市场收益率的平方项系数显著为负,即市场中存在显著的羊群效应,并且这一效应并非均衡分布,而是在不同市场中呈现出显著的非对称性特征。具体而言,在市场的不同走势下,投资者的从众行为表现出显著差异。在市场上涨下跌的环境下,虽然存在羊群效应,但投资者间的决策趋同相对温和;而当市场处于上涨状态时,羊群效应则变得尤为明显,投资者更倾向于跟随市场整体走势做出决策,展现出更为强烈的从众行为。这种非对称性的羊群效应揭示了投资者在不同市场环境下的心理和行为变化。在市场低迷时,投资者可能保持一定的独立思考和判断能力;而在市场繁荣时期,恐慌和不确定性促使他们更多地依赖群体决策,以求得心理安慰和减少损失。这种行为模式不仅加剧了市场的波动性,也可能导致资源配置的扭曲和市场的低效率。

静态模型的研究还进一步揭示了投资者情绪在羊群行为形成中的重要作用。结果显示,乐观的投资者情绪如同一股催化剂,显著增强了羊群行为的发生,使得投资者更加倾向于模仿和跟随市场主流决策。相反,当投资者情绪转向消极时,羊群行为则受到一定程度的抑制,投资者在决策时可能更加谨慎和独立。此外,市场状态的不同也调节了投资者情绪对羊群行为的影响程度。在上涨市场中,投资者情绪的波动对羊群行为的增强效应更为显著,表明在市场繁荣期,情绪因素对投资者行为的影响更为强烈。而在下跌市场中,尽管投资者情绪仍然对羊群行为产生一定影响,但其效果相对较弱,反映出在市场低迷期,投资者可能更加注重自身信息的分析和判断。

在进一步验证模型的稳健性时,本书采用不同的市场投资者情绪计算方法以及新的样本区间,以确保所构建的投资者情绪对股市羊群效应影响模型的可靠性和普适性。具体而言,分别采用流通市值加权和总市值加权的方法来计算市场投资者情绪指数,这两种方法分别基于不同的市值权重,能够更全面地反映市场情绪的多样性和复杂性。流通市值加权法考虑了市场中实际流通的股票市值,这一方法更贴近市场的实际交易情况,因为流通市值直接影响股票的市场供需关系和价格波动。而总市值加权法则将市场上所有股票的市值纳入考量,包括那些虽然存在但可能不常流通的股票,这种方法提供了市场整体规模的视角。通过使用这两种不同的加权方法,重新计算了市场投资者情绪指数,并将其应用于新的样本区间内进行分析。此外,将原样本区间前后各截掉一年得到新的样本区间进行回归分析,旨在检验模型在不同市场环境下的表现。结果表明，无论是替换关键解释变量还是替换样本区间，计算出的市场投资者情绪指数与羊群效应之间的关系均与原模型保持一致，即投资者情绪对股市羊群效应具有显著的影响。

上述结果不仅证明了原模型在不同投资者情绪和样本区间下的稳健性，也进一步验证了投资者情绪在股市行为中的重要作用。市场情绪作为一种重要的心理和行为因素，能够显著影响投资者的决策行为，进而引发股市中的羊群效应。因此，在分析和预测股市走势时，充分考虑投资者情绪的影响是至关重要的。

6.1.2　投资者情绪影响羊群效应的动态研究结论

上文对于投资者情绪影响羊群效应的动态研究不仅揭示了投资者情绪与羊群效应之间错综复杂的动态关系，还深入探索了这种关系随时间演变的规律和特性。从长期视角来看，模型明确指出了二者之间负相关关系的趋势，即投资者情绪的波动往往与羊群效应的强弱呈现出反向变化的特点。这可以理解为，在投资者情绪出现上升波动时，投资者更倾向于独立思考和自主决策，从而减少了对市场趋势的盲目跟随，降低了羊群效应的强度。相反，当投资者情绪出现下降趋势时，投资者间的相互影响和模仿行为增强，导致羊群效应越发显著。然而，从短期视角来看，这种关系则展现出更为复杂多变的图景。在短期内，投资者情绪与羊群效应之间的关系并不稳定，它们可能时而呈正相关关系，时而呈负相关关系，随着市场情绪的微妙变化和投资者行为的快速调整而不断波动。这种动态变化体现了股市中投资者情绪的快速传播和羊群效应的快速形成与消散过程，进一步印证了市场行为的高度不确定性和复杂性。

对投资者情绪与羊群效应之间关系的复杂网络进行分析得出其结构遵循幂律分布，即为非均匀网络。在投资者情绪与羊群效应的关系网络中，每个节点可能代表一个投资者、一个投资群体或一种投资策略。幂律分布表明，只有少数投资者或群体具有显著的影响力，才能够引导或影响大量其他投资者的情绪和决策。这些关键节点可能由于资金规模庞大、信息渠道广泛、分析能力出众等原因，在市场中拥有较高的知名度和话语权，其投资决策和情绪变化更容易引起其他投资者的关注和模仿。幂律分布还反映了信息传播的非均匀性。在股市中，信息的传播往往不是均匀的，而是更倾向于通过少数关键节点进行扩散。这些节点作为信息的"枢纽"，能够快速地将信息传递给其他投资者，从而加速羊群效应的形成和扩散。因此，当市场情绪发生变化时，这些关键节点的情绪变化会迅速传播到整个网络，引发更广泛的羊群行为。投资者情绪与羊群效应的关系网络是一个动态变化的系统。随着市场的波动、信息的更新和投资者行为的调整，网络的结构也会不断发生变化。然而，幂律分布作为一种稳定的统计规律，能够在一定程度上描述这种动态变化中的不变特征。即使网络结构发生变化，少数关键节点的地位和影响力也可能保持不变或发生微小的调整，从而继续主导市场情绪和羊群效应的形成和演变。

计算复杂网络的平均路径长度得出投资者情绪与羊群效应之间存在周期性特征，研究发现，平均而言，投资者情绪与羊群效应之间的关系每9～10天就会发生一次转换。这一周期性转换反映了投资者情绪的快速波动。在中国股市中，散户投资者占据了相当大的比例，他们往往对市场信息反应灵敏，交易行为频繁且容易受到市场情绪的影响。当市场出现利好或利空消息时，散户投资者往往会迅速调整自己的投资策略，导致市场情绪在短时间内发生显著变化。这种情绪的快速波动进一步加剧了市场的波动性，也为羊群效应的产生提供了土壤。随着投资者情绪的波动，羊群效应也呈现出周期性的强化与弱化。在市场情绪高涨时，投资者更容易受到乐观情绪的影响，倾向于跟随市场主流趋势进行投资，从而加剧了羊群效应。然而，由于散户投资者的行为短期化特点，这种情绪转换和羊群效应的周期性变化往往非常迅速，使得市场呈现出高度的动态性和不确定性。这一周期性特征还强调了市场微观结构对投资者情绪与羊群效应关系的重要影响。在中国股市中，由于散户投资者众多、交易频繁且行为短期化，市场更容易受到情绪因素的影响。同时，市场中的信息不对称、交易机制不完善等问题也可能加剧羊群效应的产生。因此，监管部门在制定市场监测和干预策略时，需要充分考虑市场微观结构的特点，通过完善信息披露制度、优化交易机制等措施来降低市场情绪对市场的冲击，维护市场的稳定和健康发展。

此外，上述复杂网络模型还强调了过渡模态在投资者情绪与羊群效应关系转换中的关键作用。主要是节点强度大的模态具有中介功能，且本书中代表二者之间为不相关关系的模态节点度较大。过渡模态作为两者关系转变的过渡阶段，往往蕴含着市场行为变化的先兆和趋势。因此，识别并关注这些过渡模态对于预测羊群效应的发生、强度和持续时间具有重要意义。通过深入研究过渡模态的形成机制、特征和影响因素，可以更加准确地把握市场情绪的变化趋势和投资者行为的演变规律，为投资者决策提供更为可靠的参考依据。

对于投资者而言，上述研究提供了理解市场行为的新视角。投资者应该认识到市场情绪和羊群效应对投资决策的潜在影响，避免盲目跟风或情绪化交易。在投资决策过程中，投资者应该保持理性思考，并关注基本面分析和技术分析等多方面的信息，以制定更加科学合理的投资策略。同时，投资者还应该注重风险管理和资产配置，以降低市场波动对投资组合的影响。对于监管部门而言，这一发现为制定更有效的市场监测和干预策略提供了科学依据。监管部门应该加强对市场情绪和羊群效应的监测和分析，及时发现并处理市场中的异常情况。同时，监管部门还应该加强投资者教育和保护工作，提高投资者的金融素养和风险意识，引导他们形成理性的投资观念和行为习惯。不断完善市场制度和规则体系，优化市场微观结构，为市场的稳定和健康发展提供有力保障。

综上所述，投资者情绪与羊群效应之间的复杂关系为投资者提供了一个深入理解金融市场行为、优化投资策略和制定有效监管政策的宝贵视角。通过深入研究这一关系的动态变化、网络结构、周期性特征和过渡模态等方面，可以更加准确地把握市场脉搏，为投资决策和监管实践提供有力支持。

6.2　政策建议

6.2.1　对于投资者情绪影响羊群效应的建议

根据上述上证50成分股市场的静态分析，可以得出股票市场存在显著的羊群效应，且投资者情绪对市场中的羊群效应存在显著影响，本书对此提出以下几点政策建议。

加强投资者教育：投资者教育是金融市场健康稳定发展的基石，它直接关系到投资者的金融素养、风险意识及投资行为。鉴于投资者情绪在股市中的重要作用，监管机构和市场参与者应加强对投资者的教育，特别是关于市场心理学和行为金融学的知识。通过提高投资者的金融素养和风险意识，帮助他们建立理性的投资观念，减少情绪化决策，从而减轻羊群效应带来的负面影响。监管机构应通过线上线下相结合的方式，如开设金融知识讲座、在线课程、出版投资指南等，广泛普及基础金融知识，包括但不限于股票、债券、基金、期货等投资品种的特点、风险与收益关系，以及市场运作的基本原理。通过案例分析、模拟投资、风险评估工具等手段，让投资者亲身体验市场波动带来的风险，深刻理解"投资有风险，入市需谨慎"的道理。同时，教育投资者如何根据自身风险承受能力制定合理的投资策略，避免盲目追求高收益而忽视潜在风险。引导投资者树立正确的投资观念，如长期投资、价值投资等，鼓励他们进行独立思考和自主决策，减少受市场情绪和他人行为的影响。同时，加强投资者对财务规划、资产配置等概念的理解，帮助他们构建更加稳健的投资组合。另外，推出针对不同投资者群体的定制化教育材料，如针对初学者的基础教程、针对进阶投资者的深度分析报告，以及针对高净值客户的投资策略研讨会。利用大数据和人工智能技术，分析投资者行为特征，为投资者提供个性化的教育推荐，提高教育资源的针对性和有效性。政府、行业协会、金融机构等应共同努力，构建覆盖全年龄段、多层次的投资者教育体系，形成持续、系统的教育模式，以确保投资者能够持续获得专业、权威的指导和帮助。

建立情绪监测体系：建立科学有效的市场情绪监测体系，实时跟踪和分析投资者情绪的变化有助于及时发现羊群行为的波动。这可以通过社交媒体分析、问卷调查、交易数据等多种手段实现。及时了解市场情绪的变化，可以为政策制定者、监管机构和市场参与者提供重要的参考信息，帮助他们做出更加合理和科学的决策。建立科学有效的市场情绪监测体系可以通过以下方法实现，如开发先进的自然语言处理技术和情感分析模型，实时监测社交媒体上的股市相关言论，捕捉投资者情绪变化。结合交易所交易数据、宏观经济指标等多维度信息，构建综合市场情绪指数，为市场参与者提供直观的情绪参考。定期发布市场情绪报告，深入分析情绪变化的原因、趋势及对市场的影响，为政策制定和市场决策提供科学依据等。

优化市场信息披露机制：信息披露是维护市场公平、公正、公开的关键环节，对于提高市场透明度、减少信息不对称具有重要意义。当市场参与者能够更容易地获取准确和全面的信息时，投资者更有可能基于自己的判断做出决策，而不是盲目跟风。这有助于降低羊群效应发生的频率和强度。优化市场信息披露机制可以通过以下方法实现，如强化上市公司信息披露的规范性和及时性，确保所有市场参与者能够公平获取关键信息。为了进一步完善信息披露制度，相关部门应该制定详细、具体的信息披露规则和标准，涵盖上市公司财务状况、经营成果、重大事项、风险提示等多个方面，确保投资者能够获取全面、准确的信息。监管部门应加大对信息披露违规行为的查处力度，对故意隐瞒、虚假陈述等行为依法严惩，形成有效的震慑效应。同时，建立健全信息披露违规行为的举报和奖励机制，鼓励社会公众参与监督。推动上市公司和金融机构采用现代信息技术手段，如电子化披露系统、社交媒体等，及时、便捷地向投资者传递信息。加强信息披露的透明度，确保投资者能够平等、便捷地获取所需信息。鼓励上市公司和金融机构通过业绩说明会、投资者交流会等形式，加强与投资者的直接沟通，解答投资者疑问，增进市场信任。

加强监管与引导：市场监管是维护市场秩序、保护投资者权益的重要手段。监管机构应加强对市场异常波动的监控，及时发现并处理可能引发羊群效应的因素。同时，通过政策引导和市场干预等手段，调节市场情绪，防止市场情绪过度波动对股市造成冲击。此外，完善市场监管法规体系，加大对内幕交易、市场操纵等违法行为的打击力度。在市场情绪异常波动时，及时采取窗口指导、风险提示等措施，引导投资者理性看待市场变化。通过调整交易规则、调整融资融券比例等手段，适时干预市场，防止羊群效应进一步扩散。为了进一步加强市场监管，应当建立健全多层次的监管体系，包括政府监管、自律监管、社会监督等，形成全方位、多层次的监管合力。同时，加强监管部门的协调配合，提高监管效率和效果。运用大数据、人工智能等现代信息技术手段，加强对市场异常行为的监测和预警，及时发现并处理操纵市场、散布虚假信息等违法违规行为。同时，建立风险预警和应对机制，确保市场的平稳运行。此外，加大执法力度，对违法违规行为坚持"零容忍"态度，依法严惩不贷。加强跨部门、跨地区的执法协作，形成强大的执法合力。建立健全投资者保护机制，如投资者赔偿制度、纠纷调解机制等，为投资者提供便捷、高效的维权渠道。同时，加强对投资者的法律援助和咨询服务，提高他们的维权意识和能力。

鼓励多元化投资策略：鼓励投资者采取多元化的投资策略，避免过度集中投资于某一类资产或市场。多元化的投资策略可以降低单一市场或资产的风险敞口，减少因市场情绪波动而带来的损失。监管机构应该积极推广资产配置理念，引导投资者根据个人风险偏好和财务状况，合理配置股票、债券、基金等多种资产。鼓励金融机构开发多样化的金融产品，满足不同投资者的需求。加强对投资者的风险教育，使其认识到多元化投资对于降低风险的重要性。

提升机构投资者比重：机构投资者是专门从事有价证券投资活动的法人机构，它们利用自有资金或通过公众筹资方式获得资金，进行股票、债券等证券的投资。我国机构投资者的发展经历了从无到有、从小到大的过程。近年来，随着证券市场的不断发展和完善，机构投资者的数量和规模不断增加，其市场影响力也日益增强。未来，随着金融市场的进一步开放和监管政策的不断完善，机构投资者将继续发挥重要作用，推动中国资本市场的健康稳定发展。机构投资者通常具有更强的研究能力和风险承受能力，能够更好地应对市场情绪波动。因此，可以通过政策引导和市场机制等手段，提升机构投资者的比重，发挥其在稳定市场情绪和减少羊群效应方面的积极作用。具体实施方法包括放宽外资准入限制，吸引更多国际机构投资者进入中国市场。鼓励国内养老基金、保险资金等长期资金入市，提高机构投资者的整体规模。加强机构投资者之间的交流与合作，促进投资策略和风险管理经验的共享。

建立风险预警机制：风险预警机制是指一套系统化的方法和程序，用于识别、评估和监测潜在风险，并提供及时的预警信息。它通过收集、分析和整合相关数据和信息，以及运用专业的风险评估模型和方法，帮助决策者及时了解风险状况，制定相应的风险管理策略。风险预警机制能够通过对各种数据和信息的实时监测与分析，提前发现潜在的风险因素，为决策者提供预警信息，使其有足够的时间来应对和化解风险。基于投资者情绪和市场数据的分析，建立风险预警机制。当市场情绪达到一定程度时，及时发出预警信号，提醒投资者注意风险并采取相应的防范措施。这有助于减少因市场情绪突变而引发的市场动荡和羊群效应。监管机构可以基于大数据和人工智能技术，构建市场情绪与股市波动的预测模型，提前识别潜在的市场风险。当市场情绪达到预设的阈值时，自动触发预警机制，通过短信、邮件等方式向投资者发出风险提示。此外，定期评估和调整预警模型的参数和阈值，确保其准确性和有效性。

加强国际合作与交流：在全球化背景下，各国股市之间的联系日益紧密。因此，加强国际合作与交流，共同研究投资者情绪对股市的影响及其应对策略，对于维护全球金融市场的稳定和发展具有重要意义。投资者应当积极参与国际金融监管合作框架下的对话与协作，共同应对跨国金融市场风险。我国应当积极举办国际金融论坛、研讨会等活动，邀请各国监管机构、金融机构和学者共同探讨投资者情绪与股市羊群效应的问题。此外，还需要加强与国际金融组织、评级机构等的合作，共享市场信息和研究成果，以提升全球金融市场的稳定性和透明度。

6.2.2　对于投资者情绪与羊群效应的关系变化的建议

根据上文对于投资者情绪与羊群效应之间关系的动态研究可以得出，二者之间存在长期负相关和短期正相关的关系，且这种关系具有周期性特征，在上述复杂网络中还存在过渡模态，基于此，本书给出了相关的政策建议：

从长期来看，投资者情绪的波动与羊群效应的强弱呈现负相关关系。在短期内，投资者情绪与羊群效应之间的关系不稳定，可能时而正相关，时而负相关。这种复杂多变的关系为监管机构的预测增加了许多难度。投资者应努力培养独立思考和自主决策的能力，避免在市场情绪高涨时盲目跟风，以减少羊群效应对投资决策的负面影响。采用长期投资的视角，关注企业基本面和长期发展趋势，而非短期市场情绪波动，有助于降低羊群效应的影响。此外，投资者应保持敏锐的市场观察力，根据市场情绪和羊群效应的短期变化灵活调整投资策略，避免过度依赖单一信号。构建多元化的投资组合，分散投资风险，减少因单一市场情绪变化对整体投资组合的冲击。通过构建多元化、均衡化的投资组合，不仅能够有效分散投资风险，还能在复杂多变的市场环境中展现出更强的灵活性与适应性，确保投资组合的整体稳健与持续增长。

在深入探讨投资者情绪与羊群效应的关系时，一个不可忽视的现象是这种关系网络的结构往往遵循幂律分布的原则，这一规律揭示了市场中少数关键节点（如领袖投资者、大型投资机构或具有影响力的市场分析师）在信息传播、情绪扩散及投资决策引领方面占据着举足轻重的地位。这些"关键节点"如同网络中的枢纽，其情绪波动和投资动向能够迅速且显著影响周围乃至整个市场的情绪走向和投资行为。因此，对于投资者而言，识别并密切关注这些市场领袖或群体显得尤为重要。他们不仅拥有深厚的市场洞察力，还往往掌握着更多未公开或提前获取的信息，其投资决策往往成为市场趋势的风向标。通过观察和分析这些领袖投资者的行为模式、情绪变化以及他们背后的逻辑和理由，投资者能够更准确地把握市场的脉搏，预测未来的走势，从而在投资决策中占据先机。然而，在追随市场领袖的同时，投资者也必须保持高度的警惕性和批判性思维。信息的筛选和验证是避免被不实信息误导、保护自身利益的重要环节。在获取市场信息时，投资者应尽量选择官方、权威、可信赖的信息源，如政府公告、上市公司财报、知名财经媒体等。同时，对于来自社交媒体、小道消息等非正式渠道的信息，应保持审慎态度，通过多方求证、对比分析等方式验证其真实性和可靠性。通过这种方式，投资者不仅能更好地把握市场动态和趋势，提高信息获取的效率和准确性，还能在复杂多变的市场环境中保持清醒的头脑，避免被市场情绪和羊群效应左右。在此基础上，投资者可以更加自信地制定和执行自己的投资策略，实现资产的稳健增值和财富的持续增长。

投资者情绪与羊群效应之间的相互作用，展现出一种特殊的周期性特征，这种周期以9～10天为一个循环，揭示了市场情绪波动与群体行为模式之间的深刻联系。这种周期性的存在，要求投资者必须具备高度的市场敏感度和灵活的应变能力，以应对不断变化的市场环境。因此，监管部门可以设定一个固定的评估周期（如每9

天），定期对两者的相关性进行评估，并根据评估结果调整监管策略。在相关性即将发生转换的关键时期，提前做好应对措施，防范市场异常波动。此外，为了充分利用这一周期性规律，投资者应当建立一套定期评估投资策略和持仓情况的机制。这不仅包括对投资组合的绩效进行回顾，更重要的是，要深入分析市场情绪和羊群效应当前所处的阶段，以及它们对未来市场走势的潜在影响。

通过持续的监控与评估，投资者能够及时发现市场中的微妙变化，并据此做出相应的调整，以保持投资策略的时效性和有效性。在利用市场情绪波动方面，投资者应展现出高度的智慧与策略性。当市场情绪陷入低迷，投资者信心普遍不足时，这往往是寻找被低估资产、捕捉投资机会的黄金时期。此时，通过深入研究基本面、技术面等多方面因素，投资者可以筛选出具有长期增长潜力的优质标的，并在合适的时机进行布局。相反，当市场情绪高涨，投资者情绪亢奋，市场估值普遍偏高时，投资者应保持高度的警惕性，避免被市场的狂热情绪左右，盲目追高买入。此时，采取减仓、止盈或调整持仓结构等策略，有助于降低投资风险，锁定收益。此外，投资者还应注重提升自身的专业素养和市场洞察力。通过不断学习、交流和实践，加深对市场情绪和羊群效应周期性变化规律的理解，掌握更多科学合理的投资策略和风险控制方法。同时，保持冷静的心态和独立的思考能力，也是投资者在复杂多变的市场环境中保持稳健、实现长期收益的关键所在。综上所述，投资者情绪与羊群效应的周期性特征为投资者提供了宝贵的市场洞察和决策依据。通过定期评估、灵活调整、利用市场情绪波动以及提升专业素养等多方面的努力，投资者可以更加精准地把握市场情绪和羊群效应的周期性变化规律，制定更加科学合理的投资策略，从而在投资道路上走得更远、更稳。

在探讨投资者情绪与羊群效应之间复杂且动态的关系时，过渡模态作为连接不同市场心理状态的桥梁，其重要性不言而喻。这些模态转换不仅揭示了市场情绪波动的深层次规律，更是市场行为即将发生重大转折的预警信号。监管部门若能精准捕捉并深入分析这些关键模态转换节点，将能够更有效地预见市场潜在风险，从而采取及时且有力的监管措施，维护市场的稳定与健康发展。具体而言，5个关键模态转换节点——［(U，U，U，U，U)，(N，N，N，N，N)，(M，M，M，M，M)，(n，n，n，n，n)，(m，m，U，U，U)］为监管部门提供了重要线索。在这些节点上，羊群效应与投资者情绪之间的关系更容易发生剧烈变化。因此，监管部门应重点关注这些节点上的市场动态，采取更为严格的监管措施，防止市场风险的积聚和扩散。

为了有效应对这些挑战，监管部门应采取以下策略。① 建立动态监控体系：监管部门应充分利用大数据、云计算、人工智能等先进技术，构建全方位、多维度的市场情绪监控平台。该平台需能够实时抓取社交媒体、财经新闻、交易数据等多源信息，通过自然语言处理、情感分析等技术手段，精准识别市场情绪指标，如乐观指数、悲观指数等。在监控体系基础上，建立智能预警系统，对模态转换节点附近的细微变化进行深度挖掘和实时分析。通过设定合理的阈值和算法模型，系统能自动识别并预警潜在的市场风险，为监管部门提供及时、准确的决策支持。另外，加强与其他金融监管机构、交易所、行业协会等的合作，建立信息共享和协同监管机制。通过跨部门协作，共同应对市场情绪波动带来的挑战，确保市场稳定。②优化监管政策：监管政策应具有一定的灵活性，能够根据市场情绪的实际变化进行适时调整。同时，政策制定应具有前瞻性，能够预见并防范潜在的市场风险。例如，在市场情绪高涨时，可适当提高监管要求，防止泡沫累积；在市场情绪低迷时，则可通过政策引导，提振市场信心。在优化监管政策时，需要充分考虑市场效率与稳定的平衡。既要防止市场过度投机和泡沫累积，又要避免过度干预影响市场正常功能。通过制定科学合理的监管政策，促进市场健康、有序发展。

对于投资者而言，则需采取以下策略。① 增强市场敏感度：投资者应不断学习市场知识、投资理论及实践经验，提高对市场行为、投资者情绪等信息的敏感度。通过阅读财经新闻、参加投资讲座、交流投资心得等方式，不断拓宽视野、提升认知。投资者需要学会运用数据分析工具和方法，对市场数据进行深入挖掘和解读。通过对比历史数据、分析市场趋势、识别市场情绪变化等手段，从复杂的市场数据中捕捉有用信息，为投资决策提供有力支持。②灵活调整投资策略：投资者应始终保持风险意识，明确自己的风险承受能力和投资目标。在投资过程中，需根据市场情绪和羊群效应的变化趋势，灵活调整投资组合和交易策略。通过分散投资、设置止损点等方式，有效控制投资风险。还应该避免盲目跟风和过度交易行为，保持独立思考和理性判断。在投资决策时，应充分考虑市场实际情况和个人投资目标，避免受到市场情绪和他人行为的影响。③利用专业工具辅助决策：与专业的投资机构、研究机构等建立合作关系，借助其提供的前瞻性市场分析和预测工具。这些工具通常具有较高的准确性和可靠性，能够为投资者提供更加科学的投资决策依据。利用现代科技手段，如量化投资、智能投顾等工具，辅助投资决策。这些工具能够基于大数据和算法模型进行市场分析和预测，帮助投资者更加精准地把握市场动态变化。

参考文献

[1] 李铭.投资者情绪对中国股票市场羊群效应的影响研究[D].南京：南京信息工程大学，2023.

[2] BAKER M，WURGLER J. Investor sentiment and the cross-section of stock returns[J].The Journal of Finance，2006，61（4）：1645-1680.

[3] BAKER M，WURGLER J. Investor sentiment in the stock market[J].The Journal of Economic Perspectives，2007，21（2）：129-154.

[4] LEE W Y，JIANG C X，INDRO D C. Stock market volatility, excess returns, and the role of investor sentiment[J]. Journal of Banking and Finance，2002，26（12）：2277-2299.

[5] DA Z，ENGELBERG J，GAO P J. The sum of all fears investor sentiment and asset prices[J].The Review of Financial Studies，2015，28（1）：1-32.

[6] 裴茹.基于投资者情绪的股票价格波动监测系统研究[D].西安：西安电子科技大学，2020.

[7] FAMA E F. Efficient capital markets：Ⅱ[J]. The Journal of Finance，1991，46（5）：1575-1617.

[8] SOLT M E，STATMAN M. How useful is the sentiment index? [J]. Financial Analysts Journal，1988：45-55.

[9] BROWN W G，CLIFF T M. Investor sentiment and asset valuation[J].The Journal of Business，2005，78（2）：405-440.

[10] 饶育蕾，刘达锋.行为金融学[M].上海：上海财经大学出版社，2003.

[11] 刘超，韩泽县.投资者情绪和上证综指关系的实证研究[J].北京理工大学学报（社会科学版），2006（2）：57-60.

[12] 杨淑娥，杨红，张强.中国股市投资者情绪与股票收益的实证研究[J].系统工程，2007（7）：13-17.

[13] LEE C M C，SHLEIFER A，RICHARD H T. Investor sentiment and the closed-end fund puzzle[J]. Journal of Finance，1990，46（1）：75-109.

[14] 张俊喜，张华.解析我国封闭式基金折价之谜[J].金融研究，2002，12：49-60.

[15] 黄少安，刘达.投资者情绪理论与中国封闭式基金折价[J].南开经济研究，2005

（4）：78-82，114.

[16] 邹亚生，粟坤全.封闭式基金折价的结构突变特征及其启示[J].金融研究，2010
（7）：118-130.

[17] 杨元泽.封闭式基金的折价能否作为投资者情绪有效衡量：基于深圳股票市场的
实证研究[J].中央财经大学学报，2010（5）：26-31.

[18] YU J，YU Y. Investor sentiment and the mean-variance relation[J].Journal of
Financial Economics, 2011, 100（2）：367-381.

[19] 黄德龙，文凤华，杨晓光.投资者情绪指数及中国股市的实证[J].系统科学与
数学，2009，29（1）：1-13.

[20] 蒋玉梅，王明照.投资者情绪、盈余公告与市场反应[J].管理科学，2010，23
（3）：70-78.

[21] 宋泽芳，李元.投资者情绪与股票特征关系[J].系统工程理论与实践，2012，32
（1）：27-33.

[22] 池丽旭，张广胜，庄新田.投资者情绪指标与股票市场：基于扩展卡尔曼滤波方
法的研究[J].管理工程学报，2012（3）：122-128.

[23] HUDSON Y，YAN M，ZHANG D. Herd behavior & investor sentiment：evidence from
UK mutual funds[J]. International Review of Financial Analysis, 2020, 71（10）.

[24] 郑瑶，董大勇，朱宏泉.异质性情绪影响股市羊群效应吗？：来自互联网股票社
区的证据[J].系统工程，2016，34（9）：9-14.

[25] 肖争艳，周欣锐，周仕君.网络情绪能够影响股市羊群效应吗?[J].财经问题
研究，2019（9）：62-71.

[26] 张本照，李邦国，李国栋.经济政策不确定性、投资者情绪与基金羊群效应[J].
上海金融，2021（2）：48-56.

[27] PREIS T，REITH D，STANLEY H E.Complex dynamics of our economic life on
different scales：insights from search engine query data[J].Philosophical transactions.
Series A, Mathematical, physical, and engineering sciences, 2010, 368（1993）：
5707-5719.

[28] 王美今，孙建军.中国股市收益、收益波动与投资者情绪[J].经济研究，2004
（10）：75-83.

[29] 周洪荣，吴卫星，周业安.我国A股市场中的波动性之谜与市场情绪[J].上海经
济研究，2012，24（4）：3-13.

[30] 张宗新，王海亮.投资者情绪、主观信念调整与市场波动[J].金融研究，2013（4）：142-155.

[31] 段江娇，刘红忠，曾剑平.中国股票网络论坛的信息含量分析[J].金融研究，2017（10）：178-192.

[32] 郭代玉珠.投资者情绪与波动率"杠杆效应"[D].上海：上海交通大学，2018.

[33] 庞有振.基于网络数据的投资者情绪和股票波动性研究[D].广州：暨南大学，2018.

[34] SCHARFSTEIN D S, STEIN J C. Herd behavior and investment[J]. The American Economic Review, 1990：465-479.

[35] BANERJEE A V. A simple model of herd behavior[J]. The Quarterly Journal of Economics, 1992, 107（3）：797-817.

[36] LAKONISHOK J, SHLEIFER A, VISHNY R W. The impact of institutional trading on stock prices[J]. Journal of Financial Economics, 1992, 32（1）：23-43.

[37] 刘成彦，胡枫，王皓.QFII也存在羊群行为吗?[J].金融研究，2007（10）：111-122.

[38] CELIKER U, CHOWDHURY J, SONAER G. Do mutual funds herd in industries?[J].Journal of Banking and Finance, 2015, 52（3）：1-16.

[39] ECONOMOU F, GAVRIILIDIS K, KALLINTERAKIS V. Do fund managers herd in frontier markets — and why?[J].International Review of Financial Analysis, 2015, 40（7）：76-87.

[40] 伍旭川，何鹏.中国开放式基金羊群行为分析[J].金融研究，2005（5）：60-69.

[41] CHRISTIE W G, HUANG R D. Following the pied piper：do individual returns herd around the market? [J]. Financial Analysts Journal, 1995, 51（4）：31-37.

[42] CHANG E C, CHENG J W, KHORANA A. An examination of herd behavior in equity markets：an international perspective[J]. Journal of Banking Finance, 2000, 24（10）：1651-1679.

[43] 宋军，吴冲锋.基于分散度的金融市场的羊群行为研究[J].经济研究，2001（11）：21-27.

[44] GALARIOTIS E C, RONG W, SPYROU S I. Herding on fundamental information：a comparative study[J]. Journal of Banking Finance, 2015, 50：589-598.

[45] CHIANG T C, ZHENG D. An empirical analysis of herd behavior in global

stockmarkets[J]. Journal of Banking and Finance, 2009, 34（8）：1911-1921.

[46] LI Z, DIAO X, WU C. The influence of mobile trading on return dispersion and herding behavior[J]. Pacific-Basin Finance Journal, 2022, 73：101767.

[47] DE LONG J B, SHLEIFER A, SUMMERS L H. Positive feedback investment strategies and destabilizing rational speculation[J]. The Journal of Finance, 1990, 45（23）79-395.

[48] 张羽, 李黎. 证券投资基金交易行为及其对股价的影响[J]. 管理科学, 2005（4）：77-85.

[49] 王亚平, 刘慧龙, 吴联生. 信息透明度、机构投资者与股价同步性[J]. 金融研究, 2009（12）：162-174.

[50] 刘进, 孙荪璐. 机构投资者持股会提高劳动投资效率吗?：基于中国A股上市公司的经验证据[J]. 北京工商大学学报（社会科学版）, 2022, 37（2）：47-58.

[51] 王勇, 郭筱庆, 芦雪瑶. 分析师跟踪、机构投资者持股与企业"脱实向虚"[J]. 海南大学学报（人文社会科学版）, 2023, 41（2）：114-123.

[52] 杨德勇, 董左卉子. 证券市场羊群效应的演化博弈分析[J]. 北京工商大学学报（社会科学版）, 2007（4）：21-24, 61.

[53] 王磊, 孔东民, 陈巍. 证券投资基金羊群行为与股票市场过度反应[J]. 南方经济, 2011（3）：69-78, 15.

[54] 蔡庆丰, 杨侃. 是谁在"捕风捉影"：机构投资者VS证券分析师：基于A股信息交易者信息偏好的实证研究[J]. 金融研究, 2013（6）：193-206.

[55] BOONE A L, WHITE J T. The effect of institutional ownership on firm transparency and information production[J]. Journal of Financial Economics, 2015, 117（3）：508-533.

[56] 高昊宇, 杨晓光, 叶彦艺. 机构投资者对暴涨暴跌的抑制作用：基于中国市场的实证[J]. 金融研究, 2017（2）：163-178.

[57] ALLEN F, LITOV L, MEI J. Large investors, price manipulation, and limits to arbitrage：an anatomy of market corners[J]. Social Science Electronic Publishing, 2006, 10（10）：645-693.

[58] 史永东, 王谨乐. 中国机构投资者真的稳定市场了吗?[J]. 经济研究, 2014, 49（12）：100-112.

[59] 吴晓晖, 郭晓冬, 乔政. 机构投资者抱团与股价崩盘风险[J]. 中国工业经济,

2019（2）：117-135.

[60] 薛文忠.机构投资者对股票市场波动的影响[D].大连：东北财经大学，2012.

[61] JIANG F，KIM K A. Corporate governance in China：a modern perspective[J]. Journal of Corporate Finance，2015，32（3）：190-216.

[62] 丁乙.机构"羊群行为"对我国股票市场波动的影响[J].江苏社会科学，2021（4）：120-129.

[63] 许年行，于上尧，伊志宏.机构投资者羊群行为与股价崩盘风险[J].管理世界，2013（7）：31-43.

[64] 曹丰，鲁冰，李争光.机构投资者降低了股价崩盘风险吗?[J].会计研究，2015（11）：55-61，97.

[65] 黄诒蓉，白羽轩.网络传染是"真羊群"还是"伪羊群"?：网络传染程度对资本市场定价效率的影响[J].中国管理科学，2021，29（9）：12-24.

[66] 姜富伟，宁炜，薛浩.机构投资与金融稳定：基于A股ETF套利交易的视角[J].管理世界，2022，38（4）：29-49.

[67] 代昀昊，唐齐鸣，刘莎莎.机构投资者、信息不对称与股价暴跌风险[J].投资研究，2015，34（1）：50-64.

[68] 孔东民，孔高文，刘莎莎.机构投资者、流动性与信息效率[J].管理科学学报，2015，18（3）：1-15.

[69] 孔东民，王江元.机构投资者信息竞争与股价崩盘风险[J].南开管理评论，2016，19（5）：127-138.

[70] HSIEH S F. Individual and institutional herding and the impact on stock returns：evidence from Taiwan stock market[J]. International Review of Financial Analysis，2013，29：175-188.

[71] 姚禄仕，吴宁宁.基于LSV模型的机构与个人羊群行为研究[J].中国管理科学，2018，26（7）：55-62.

[72] 李志文，余佩琨，杨靖.机构投资者与个人投资者羊群行为的差异[J].金融研究，2010（11）：77-89.

[73] 陈国进，陶可.机构、个人投资者羊群行为差异研究[J].山西财经大学学报，2010，32（10）：57-64.

[74] LITIMI H，BENSAIDA A，BOURAOUI O. Herding and excessive risk in the american stock market：a sectoral analysis[J]. Research in International Business

Finance, 2016, 38: 6-21.

[75] 胡昌生，朱迪星.基于LSV模型的个体投资者羊群行为研究[J].统计与决策，2008（12）：135-137.

[76] 兰俊美，郝旭光，卢苏.机构投资者与个人投资者非理性行为差异研究[J].经济与管理研究，2019，40（6）：16-33.

[77] BARBER B M, ODEAN T. All that glitters: the effect of attention and news on the buying behavior of individual and institutional investors[J]. Review of Financial Studies，2008（2）：785-818.

[78] 孙培源，施东晖.基于CAPM的中国股市羊群行为研究：兼与宋军、吴冲锋先生商榷[J].经济研究，2002（2）：64-70，94.

[79] 苏艳丽，庄新田.中国证券投资基金羊群行为和正反馈行为研究[J].东北大学学报（自然科学版），2008（3）：420-423.

[80] 路磊，黄京志，吴博.基金排名变化和羊群效应变化[J].金融研究，2014（9）：177-191.

[81] 朱彤，叶静雅.投资评级发布日的机构投资者行为与证券的异常收益：来自上海证券市场的证据[J].金融研究，2009（3）：154-170.

[82] 魏立波.中国开放式基金羊群行为的实证分析[J].重庆大学学报（社会科学版），2010，16（3）：35-40.

[83] 吴福龙，曾勇，唐小我.中国证券投资基金羊群行为的进一步研究[J].中国管理科学，2004（4）：7-12.

[84] 李奇泽，张铁刚，丁焕强.中国证券投资基金羊群行为：基于周期规律与板块效应的实证分析[J].中央财经大学学报，2013（6）：37-43.

[85] 程天笑，刘莉亚，关益众.QFI与境内机构投资者羊群行为的实证研究[J].管理科学，2014，27（4）：110-122.

[86] ALDA M, FERRUZ L. Pension Fund Herding and the Influence of Management Style[J]. Journal of Behavioral Finance, 2016, 17（2）：144-156.

[87] BLAKE D, SARNO L, ZINNA G. The market for lemmings: the herding behavior of pension funds[J]. Journal of Financial Markets，2017，36：17-39.

[88] 陈浩.中国股票市场机构投资者羊群行为实证研究[J].南开经济研究，2004（2）：91-94.

[89] 姜新，黄静.证券投资基金羊群效应实证研究[J].学习与探索，2005（2）：229-

233.

[90] 胡赫男，吴世农.我国基金羊群行为：测度与影响因素[J].经济学家，2006（6）：116-125.

[91] 田存志，赵萌.羊群行为：隐性交易还是盲目跟风?[J].管理世界，2011（3）：180-181.

[92] HIRSHLEIFER D, SIEW H T. Herd behavior and cascading in capital markets: a review and synthesis[J]. European Financial Management, 2003, 9（1）: 25-66.

[93] KLEIN A C. Time-variations in herding behavior: evidence from a markov switching SUR model[J]. Journal of International Financial Markets, Institutions & Money, 2013, 26: 291-304.

[94] 刘海飞，姚舜，肖斌卿，等.基于计算实验的股票市场羊群行为机理及其影响[J].系统工程理论与实践，2011，31（5）：805-812.

[95] 马丽.中国股票市场羊群效应实证分析[J].南开经济研究，2016（1）：144-153.

[96] 顾荣宝，蒋科学.深圳股票市场的羊群行为及其演化：基于一个改进的CCK模型[J].南方经济，2012（10）：135-145.

[97] 朱慧明，黄旻茜，欧阳文静.亚太地区股票市场羊群效应的实证检验[J].统计与决策，2016（13）：145-148.

[98] 李惠璇，朱菲菲，唐涯.盈余公告、分析师推荐与伪羊群行为：基于高频数据的实证检验[J].经济学（季刊），2019，18（3）：919-940.

[99] 熊维强，宋军.金融分析师的羊群行为和"逆羊群"行为[J].统计与决策，2006（11）：34-35.

[100] 李少星，高杨，黄少安.新冠肺炎疫情对脆弱群体收入及全面小康目标的影响测算：以山东省为例[J].山东大学学报（哲学社会科学版），2020（5）：12-23.

[101] PIERDZIOCH C, RÜLKE J. Forecasting metal prices: do forecasters herd? [J]. Economics Letters, 2012, 116（3）: 326-329.

[102] ARIAS J. COVID-19 effect on herding behaviour in european capital markets[J]. Finance Research Letters, 2020, 38（1）.

[103] BHARTI, KUMAR A. Exploring herding behaviour in Indian equity market during COVID-19 pandemic: impact of volatility and government response[J]. Millen-nial Asia, 2021.

[104] 李新路，韩志萍.中国股市个体投资者羊群行为影响因素分析[J].中央财经大

学学报，2007(6)：35-39，45.

[105] ANDERSSON M, HEDESSTROM T M, GARLING T. Social influence on predictions of simulated stock prices[J]. Journal of Behavior Decision Making, 2009, 22(3)：271-279.

[106] 贾丽娜，扈文秀.投资者情绪对基金羊群效应的影响研究[J].运筹与管理，2013，22(6)：191-199.

[107] 谢晔，周军.情绪和控制幻觉对投资者羊群行为的影响[J].心理科学，2013，36(4)：936-941.

[108] 邬松涛，何建敏，李守伟.基于多属性羊群行为的股票风险及其传染[J].北京理工大学学报（社会科学版），2017，19(1)：64-72.

[109] FILIZ I, NAHMER T, SPIWOKS M. Herd behavior and mood：an experimental study on the forecasting of share prices[J]. Journal of Behavioral and Experimental Finance, 2019, 24.

[110] HARITHA P H, RASHMI U. Impact of investor sentiment on decision-making in Indian stock market：an empirical analysis[J]. Journal of Advances in Management Research, 2020, 17(1)：66-83.

[111] MEILAN Y D, ZHANG Y D. Herd behaviour investor sentiment：evidence from UK mutual funds[J]. International Review of Financial Analysis, 2020, 71.

[112] AHARON D Y. Uncertainty, Fear and herding behavior：evidence from size-ranked portfolios[J]. Journal of Behavioral Finance, 2020, 22(3)：1-18.

[113] QIU L X, WELCH I. Investor sentiment measures[J]. SSRN Electronic Journal, 2004, 117(35)：367-377.

[114] BOEHME R D, DANIELSEN B R, SORESCU S M. Short-sale constraints, differences of opinion and overvaluation[J]. Journal of Financial and Quantitative Analysis, 2006, 41(2)：455-487.

[115] 闫海峰，李鑫海.羊群效应对股指波动率的影响分析[J].现代财经（天津财经大学学报），2010，30(2)：20-26.

[116] 刘刚，扈文秀，章伟果，等.随机交易行为、羊群行为与资产价格波动研究[J].管理科学，2016，29(2)：122-133.

[117] 曾懿亮.信息不对称视角下投资者信念、羊群行为与股市波动[D].北京：中央财经大学，2019.

[118] 张红伟，毛前友.羊群行为、股价波动与投资收益：基于中国证券投资基金的实证研究[J].经济理论与经济管理，2007（10）：50-54.

[119] 陈莹，袁建辉，李心丹，等.基于计算实验的协同羊群行为与市场波动研究[J].管理科学学报，2010，13（9）：119-128.

[120] PAULO L, HARMINDER S. Herding behaviour in the Chinese and Indian stock markets[J]. Journal of Asian Economics, 2011, 22（6）：495-506.

[121] 郑丰，赵文耀，张蜀林.基于Agent的羊群行为研究[J].中国管理科学，2015，23（S1）：424-429.

[122] 张一锋，雷立坤，魏宇.羊群效应的新测度指数及其对我国股市波动的预测作用研究[J].系统工程理论与实践，2020，40（11）：2810-2824.

[123] 谢赤，张太原，禹湘.证券投资基金投资行为对中国股市波动性影响研究[J].中国社会科学，2008（3）：68-78，205.

[124] 李勇，王满仓.信息不对称、机构投资者与股价波动率：基于扩展CAPM的理论与实证分析[J].金融评论，2011，3（2）：108-122，126.

[125] 刘祥东，刘澄，刘善存.羊群行为加剧股票价格波动吗?[J].系统工程理论与实践，2014，34（6）：1361-1368.

[126] 顾荣宝，刘海飞，李心丹.股票市场的羊群行为与波动：关联及其演化——来自深圳股票市场的证据[J].管理科学学报，2015，18（11）：82-94.

[127] 朱菲菲，李惠璇，徐建国.短期羊群行为的影响因素与价格效应：基于高频数据的实证检验[J].金融研究，2019（7）：191-206.

[128] 郑挺国，葛厚逸.中国股市羊群效应的区制转移时变性研究[J].金融研究，2021（3）：170-187.

[129] OUARDA M, BOURI A, BERNARD O. Herding behavior under markets condition：empirical evidence on the european financial markets[J]. International Journal of Economics and Financial Issues, 2013, 3（1）：214.

[130] 沈豪杰，黄峰.羊群行为及"飞向流动性"对流动性共性的长消效应：基于我国沪深股市的经验研究[J].统计研究，2009，26（10）：88-95.

[131] 沈悦，赵建军.中国股票交易市场复杂性的实证研究[J].经济经纬，2008（2）：152-155.

[132] 刘晓星，张旭，顾笑贤，等.投资者行为如何影响股票市场流动性?：基于投资者情绪、信息认知和卖空约束的分析[J].管理科学学报，2016，19（10）：87-100.

[133] BAUMEISTER R F, LEARY M R. The need to belong: desire for interpersonal attachments as a fundamental Human motivation[J]. Psychological Bulletin, 1995, 117(3): 497-529.

[134] 王春峰, 徐书洪, 房振明. 基于交易量序贯模型的中国股市羊群行为实证研究[J]. 金融经济, 2008(20): 116-118.

[135] PARK A, SABOURIAN H. Herding and contrarian behavior in financial markets[J]. Econometrica, 2011, 79(4): 973-1026.

[136] 熊伟, 陈浪南. 股票特质波动率、股票收益与投资者情绪[J]. 管理科学, 2015, 28(5): 106-115.

[137] ZHENG D, LI H, ZHU X. Herding behavior in institutional investors: evidence from China's stock market[J]. Journal of Multinational Financial Management, 2015, 32: 59-76.

[138] YAO Z, DONG D Y, ZHU H Q. Which one weakens the herding effect, real-time discussion or closing-time communication on internet stock community? [C]// Proceedings of 2015 3rd International Conference on Social Science and Humanity (ICSSH2015V76), 2015: 245-251.

[139] ZHENG D, LI H, CHIANG T C. Herding within industries: evidence from Asian stock markets[J]. International Review of Economics and Finance, 2017, 51: 487-509.

[140] VO X V, PHAN D. Herding and equity market liquidity in emerging market. Evidence from Vietnam[J]. Journal of Behavioral and Experimental Finance, 2019, 24(12).

[141] 李宏, 王刚, 路磊. 股票流动性能够解释收益反转之谜吗?[J]. 管理科学学报, 2016, 19(8): 84-101.

[142] AMIHUD Y. Illiquidity and stock returns: cross-section and time-series effects[J]. Journal of Financial Markets, 2002, 5(1): 31-56.

[143] CLARKE R G, STATMAN M. Bullish or bearish? [J]. Financial Analysts Journal, 1998: 63-72.

[144] FISHER L K, STATMAN M. Consumer confidence and stock returns[J]. The Journal of Portfolio Management, 2003, 30(1): 115-127.

[145] SCHMELING M. Investor sentiment and stock returns: some international evidence[J]. Journal of Empirical Finance, 2009, 16(3): 394-408.

[146] BAKER M, STEIN J C. Market liquidity as a sentiment indicator[J]. Journal of

Financial Markets, 2004, 7（3）: 271-299.

[147] 刘仁和，陈柳钦.中国股权溢价之谜的检验: Hansen-Jagannathan方法的应用[J].
财经理论与实践, 2005（5）: 79-83.

[148] 伍燕然，韩立岩.不完全理性、投资者情绪与封闭式基金之谜[J]，经济研究,
2007（3）: 117-129.

[149] 杨春鹏.基于展望理论的证券市场反应过度和反应不足研究[J].运筹与管理,
2007（6）: 118-122.

[150] ENGLE R F. Autoregressive conditional heteroscedasticity with estimates of the
variance of United Kingdom inflation[J]. Econometrica: Journal of the Econometric
Society, 1982: 987-1007.

[151] BOLLERSLEV T. Generalized autoregressive conditional heteroskedasticity[J].
Journal of Econometrics, 1986, 31（3）: 307-327.

[152] ENGLE R F, LILIEN D M, ROBINS R P. Estimating time varying risk premia in the
term structure: the ARCH-M model[J]. Econometrica, 1987, 55（2）: 391-407.

[153] NELSON D B. Conditional heteroskedasticity in asset returns: a new approach[J].
Econometrica: Journal of the Econometric Society, 1991: 347-370.

[154] ZAKOIAN J. Threshold heteroskedastic models[J]. Journal of Economic Dynamics
and control, 1994, 18（5）: 931-955.

[155] BAILLIE R T, BOLLERSLEV T, MIKKELSEN H O. Fractionally integrated
generalized autoregressive conditional heteroskedasticity[J]. Journal of
Econometrics, 1996, 74（1）: 3-30.

[156] BREIDT F J. A Threshold Autoregressive Stochastic Volatility Model[R]. 1996.

[157] WACHTER J A. Can time-varying risk of rare disasters explain aggregate stock
market volatility? [J]. The Journal of Finance, 2013, 68（3）: 987-1035.

[158] CHEN C Y, KUO I. Investor sentiment and interest rate volatility smile: evidence
from Eurodollar options markets[J]. Review of Quantitative Finance and
Accounting, 2013: 1-25.

[159] SAYIM M, MORRIS P D, RAHMAN H. The effect of US individual investor
sentiment on industry-specific stock returns and volatility[J]. Review of Behavioral
Finance, 2013, 5（1）: 58-76.

[160] BRAUER G A. "Investor sentiment" and the closed-end fund puzzle: a 7 percent

solution[J]. Journal of Financial Services Research, 1993, 7(3): 199-216.

[161] BROWN G W. Volatility, sentiment, and noise traders[J]. Financial Analysts Journal, 1999, 55(2): 82-90.

[162] MEHRA R, SAH R. Mood fluctuations, projection bias, and volatility of equity prices[J]. Journal of Economic Dynamics and Control, 2002, 26(5): 869-887.

[163] 许承明, 宋海林. 中国封闭式基金价格报酬过度波动的经验分析[J]. 经济研究, 2005(3): 108-118.

[164] 林树, 俞乔. 有限理性、动物精神及市场崩溃：对情绪波动与交易行为的实验研究[J]. 经济研究, 2010(8): 115-127.

[165] 杨阳, 万迪. 不同市态下投资者情绪与股市收益、收益波动的异化现象：基于上证股市的实证分析[J]. 系统工程, 2010(1): 19-23.

[166] BLASCO N, CORREDOR P, FERRERUELA S. Market sentiment: a key factor of investors' imitative behavior[J]. Accounting & Finance, 2012, 52(3): 663-689.

[167] BERNSTEIN R, PRADHUMAN S D. A major change in our work II: "sell side" indicator gives a "buy" signal[J]. Merrill Lynch Quantitative Viewpoint, 1994, 20: 1-4.

[168] FREY S, HERBST P, WALTER A. Measuring mutual fund herding—a structural approach[J]. Journal of International Financial Markets Institutions and Money, 2014, 32: 219-239.

[169] TAN L, CHIANG T C, MASON J R. Herding behavior in Chinese stock markets: an examination of A and B shares[J]. Pacific-Basin Finance Journal, 2008, 16(1-2): 61-77.

[170] YAO J, MA C, HE W P. Investor herding behaviour of Chinese stock market[J]. International Review of Economics and Finance, 2014, 29: 12-29.

[171] 常志平, 蒋馥. 基于上证30及深圳成指的我国股票市场"羊群行为"的实证研究[J]. 预测, 2002(3): 50-51, 49.

[172] 刘文虎. 基于Malmquist指数的中国股市羊群效应测度研究[J]. 证券市场导报, 2009(8): 72-77.

[173] 李学峰, 李佳明. 投资者个体的羊群行为：分布及其程度：基于分割聚类的矩阵化方法[J]. 国际金融研究, 2011(4): 77-86.

[174] 阮青松, 吕大永. 沪深300指数羊群效应研究[J]. 商业研究, 2010(8): 153-156.

[175] 唐勇，洪晓梅，朱鹏飞.有限关注与股市异常特征、羊群效应[J].金融理论与实践，2020（1）：11-20.

[176] 王典，薛宏刚.机构投资者信息竞争会引发羊群行为吗：基于中国股票市场的证据[J].当代财经，2018（12）：60-70.

[177] 袁军.中国A股市场羊群行为的实证分析[J].金融理论与实践，2020（2）：82-87.

[178] 张宗强，伍海华.基于上证180指数股票的羊群行为实证研究[J].财经理论与实践，2005（1）：43-47.

[179] 张大永，刘倩，姬强.股票分析师的羊群行为对公司股价同步性的影响分析[J].中国管理科学，2021，29（5）：55-64.